新潮文庫

史記の風景

宮城谷昌光著

目次

史記の風景

人知の宝庫

司馬遷《しばせん》の『史記』は、紀元前九〇年ころに完成された大歴史書である。そのころに書かれたものが残り、その記述が後世につたわったということは世界的にいってもたいへんめずらしいのに、その内容たるや、まさに人知の宝庫といってよい。

およそ百三十篇の大著である。文字の数は五十二万六千五百であると司馬遷自身が書いている。

構成は「本紀《ほんぎ》」「書」「表」「世家《せいか》」「列伝」となっており、「本紀」には各王朝の盛衰が書かれている。「書」は文化史といえるが、司馬遷の歴史評論集である。この部分は著者の広汎《こうはん》な知識とするどい分析力が必要であり、のちの歴史家ではとても手におえないジャンルとして、はぶかれるようになった。「表」は年表だとおもえばよい。「世家」は諸侯の事績が中心であるが、たとえば孔子のように、君主になったわけではないが思想界で大家をなした桀俊《けつしゅん》は、そのなかで一巻をあたえられている。「列伝」はむかしからもっとも人気の高いジャンルで、天下に名をあらわした個人の伝記である。

そのように「本紀」と「列伝」が組み合わさった歴史書の構成を「紀伝体」といい、むろん司馬遷の発明であり、のちの歴史家はそのスタイルを踏襲することになった。

『史記』の第一巻は「五帝本紀」であり、

——黄帝《こうてい》は少典《しょうてん》の子なり。姓は公孫《こうそん》、名は軒轅《けんえん》という。

という記述からはじまる。

黄帝という太古の聖王が君臨していた時代から、司馬遷が生きていた前漢（西漢）王朝の武帝の時代まで、いったい何年になるのか。二千年はゆうにこえるであろう。司馬遷が生きていたころは、日本では、弥生時代の中期にあたる。日本の歴史がこれからはじまろうとするころに、中国ではその歴史が集大成されるということも、驚異にあたいする。

とにかく、『史記』のなかには汲《く》めども尽きない英知がたたえられていて、古代中国の人々の生き方や考え方、それに発明、発見、習慣など、日本に影響をあたえたこともすくなくなく、あらためて知れば、現代人としても大いに興味をそそられることが多い。事件や人物をぬきにして古代を語ることはできないが、それらはなるべくわきにおいて、『史記』にあらわれた語句を基準にして、古代中国をさぐってゆくことにする。

酒の霊力

いまでも酒は儀式に欠かすことのできないものである。祝いごとにはかならず酒がでる。

わが国の江戸時代の百科事典といえる寺島良安の『和漢三才図会《ずえ》』で、酒の項を引いてみると、

「『戦国策』（魏《ぎ》）に、帝の女が儀狄《ぎてき》（夏《か》王朝の人）に酒を造らせて禹《う》に献進した、とあり、『説文《せつもん》』に、少康《しょうこう》（周代の人）が酒を造った、とある。けれども『神農本草経《ほんぞうきょう》』にすでに酒の名が出ており、『黄帝内経素問』にも酒漿《しゅしょう》という言葉があるところからみれば、酒は黄帝のときからはじまったのである」（平凡社・東洋文庫）

と、ある。酒漿は酒とジュースである。

ほかにも、屠蘇《とそ》酒について、蘇とは邪鬼をいい、この酒は邪鬼を打ち砕くので、そういう名がついた。元旦《がんたん》にのむと、疫病《えきびょう》や不正の気をさけることができる、というようなことが書かれていて、たいへんおもしろい。

中国で酒がいつできたかについて、たとえば、事物の由来や名家の系統を記載している『世本《せほん》』では、

――儀狄酒を造る。
――杜康《とこう》酒を造る。
――少康秫酒《じゅつしゅ》を造る。

と、あって、儀狄のいた夏王朝のころ、というのが常識である。秫酒は焼酎《しょうちゅう》だとおもえばよい。秫酒はかなりおくれてできたと考えられる。

さて『史記』のなかで酒が特徴的にでてくるのが「殷《いん》本紀」である。殷は後世のよびかたで、商《しょう》がただしい。商王朝のさいごの王を紂《ちゅう》王（または受《じゅ》王）という。この王は沙丘《さきゅう》というところに、広大な動物園と植物園と離宮を建造し、諸侯を招いた。そのとき、

――酒をもって池となし、肉をかけて林となす。

ということをおこなった。いわゆる「酒池肉林」である。さらに紂王は男女を裸にして、酒池のほとり、肉林のあいだで、追いかけっこをさせ、長夜の宴会をおこなった。

なんというばかげたことをおこなったものか、とおもえば、それは少々事実誤認というものであろう。紂王が大規模な祭祀《さいし》をおこなったことを、後世の者が悪意に解したのである。

いまでも地鎮祭で酒をつかうように、酒で地を鎮《しず》め、肉に祖先の霊を宿らせ、清らか

な女たちを裸にすることによって、神霊を招こうとしたのである。ともに飲食することによって、飲食物に宿った霊力を、紂王が諸侯に分与しようとしたのが、その長夜の宴である。ただし司馬遷はそこまで書かなかった。

みことのり

『史記』の「五帝本紀」に
――鯀《こん》は命《めい》に負《そむ》き族を毀《やぶ》る。

という一文がある。

五帝というのは古代の聖王のことで、黄帝、帝顓頊《せんぎょく》、帝嚳《こく》、帝堯《ぎょう》、帝舜《しゅん》の五人をいう。このあとに中国最古の王朝といわれる夏王朝がつづくのである。

帝堯が老いてきたとき、帝位を自分の子にゆずらずに、有能で徳望の高い臣下にゆずろうと考えていた。鯀はそのなかのひとりで、帝顓頊の子であり、夏王朝をひらいた禹《う》王の父である。かれは帝堯の命令で、洪水をおさめようとしたが失敗した。内政もうまくいかなかったらしく、さきの例文はそれをあらわしている。

さて、ここでとりあげたいのは、帝、または王、あるいは天子のみことのりに「命」という字をあてていることである。これは時代がくだっていっても、すべてそうである。

ところが、夏、商（殷）、周のつぎにくる王朝、秦《しん》王朝についての記述に、

――秦、初めて天下を幷《あわ》す。丞相《じょうしょう》・御史《ぎょし》に令して曰《いわ》く。（『史記』「秦始皇本紀」）

と、あり、秦が中国史上はじめて天下を統一したとき、始皇帝が宰相などに命令した

というときに「令」の字がつかわれている。

さらに、秦はこの新時代を万民にわからせるために、名号をあらためることをした。日本でもたとえば、江戸が東京とよびかえられたことで、ああ時代がかわったのだなあ、と庶民は実感したにちがいない。名号変更は革命者の常套《じょうとう》手段といってよい。

秦は、

——命を制と為《な》し、令を詔《しょう》と為し、天子自ら称して朕《ちん》と曰《い》わん。（「秦始皇本紀」）

ということをおこなった。

命は、令と口との合字で、たがいに通じるものの、それらをわけていう場合は、命は大事についてのみことのりで、そのことを制といい、令は小事についてのみことのりであるが、そのことを詔という。また、これまで庶民も自分のことを朕といっていたのだが、これ以後は天子のみが自分のことを朕という。そうしたきまりができたのである。

ところで、日本では天子のみことのりを詔勅《しょうちょく》ともいう。勅は、中国の古代では農具を清めるための儀礼のことであったが、唐代において臣下の任命を勅というようになったので、日本にその用法が輸入された。ただしニュアンスがちがい、日本の詔は大事につかわれ、勅は小事につかわれる。

死の習俗

喪服といえば黒をおもいうかべるのが日本人であるが、古代中国における喪服の色は白であった。

人の死についても、よびかたがさまざまあり、古代の習俗について多くが載せられている『礼記《らいき》』によると、天子が死去することを「崩《ほう》」といい、諸侯は「薨《こう》」といい、大夫《たいふ》（小領主）は「卒《しゅつ》」といい、士は「不祿《ふろく》」といい、庶人が「死」というのである。

また遺体がまだ床《とこ》の上にあるうちは「尸《し》」といい、棺におさめられて「柩《きゅう》」という。ちなみに、遺体を墓地まではこぶ車を「柩車《きゅうしゃ》」という。さらに鳥類の死は「降《こう》」といい、獣の死は「漬《し》」という。

父母、妻、長男が死ぬと、すぐに屋根にはしごをかけて、屋根の上にのぼり、死者の名を呼ぶ。招魂というものである。死んだばかりの人の魂は、まだ家のあたりにいるにちがいないから、呼びもどそうというのである。このならわしは、なんと唐代までつづいたようである。

父母などを亡《な》くした人は、喪に服するわけであるが、その期間はふつう三年といわれる。これはあしかけ三年のことで、正確には二十五カ月である。

君主の場合は、そのあいだの政治を、大臣にまかせることになる。

春秋時代に晋《しん》の国に文公という名君があらわれ、この君主のもとで中国が運営されるという時期があった。ところが晋の隣国に秦《しん》という国があり、この国の君主の穆《ぼく》公も天下に志望のある人で、晋の文公が死ぬのを待って、兵を中原《ちゅうげん》にいれた。中国の中心に鄭《てい》という国がある。その国を急襲しようとしたのである。

秦の兵は無断で晋国内を通過していった。怒った晋の重臣たちは、

「秦軍を伐《う》つべきです」

と、喪中の襄《じょう》公（文公の子）に献言した。襄公も自分が秦の穆公にあなどられていることを知って、憤然と立った。そのとき、

——襄公墨衰経《ぼくさいてつ》す。

ということがおこなわれた。『史記』の「晋世家」にある一文である。墨は黒で、衰は喪服、経は帯である。つまり白い喪服を黒に染めてから、戦陣にむかった。

——白衣は敗戦のときにも着るので、不吉である。

と、襄公がおもったからである。

秦軍に大勝した襄公は、帰ってから黒い喪服のまま文公を葬《ほうむ》った。喪服の黒はここから生じたともいわれる。

商民族の出自

太古の中国に、あるとき商（殷）民族なるものがあらわれ、その首長の末裔《まつえい》に成湯《せいとう》・天乙《てんいつ》があらわれて、商王朝をつくったのが、だいたい紀元前一六〇〇年である。

この民族の出身地はいったいどこであるのか、いまだにわかっていないが、たとえば『史記』の「殷本紀」の冒頭の文は

——殷の契《せつ》は、母を簡狄《かんてき》と曰《い》う。有娀氏《ゆうじゆう》の女《むすめ》にして、帝嚳《こく》の次妃《じひ》たり。

と、ある。契という人が商民族にとって鼻祖にあたる人である。有娀氏は東方の大族であったから、いちおう商民族は東方から生じたと考えてみたい。

つづいて「殷本紀」を読んでゆくと、累代《るいだい》の首長（王）名が書かれていて、

——振卒《しんしゅつ》し、子の微《び》立つ。

という一文にであう。振という王が亡くなって、振の子の微が王として立った、ということである。

ところでこの商民族は他の民族にくらべて頭脳がすぐれていたという一例に、文字をのこしたということがあげられる。その文字のことを甲骨文字とよんでいるが、むろんその史料のほうが、司馬遷が採取した伝説より正確である。

甲骨文字によると、さきの振という王は、王亥《がい》のことで、子の微は上甲微《じようこう》のことであるようだ。

この上甲は商民族にとってきわめて重要な王であったらしいが、それはさておき、これ以後の王には十干名《じつかん》がつくことが神秘的である。

十干というのは、

甲《こう》、乙《いつ》、丙《へい》、丁《てい》、戊《ぼう》、己《き》、庚《こう》、辛《しん》、壬《じん》、癸《き》

のことである。乙の字を日本ではオツと読むが、それは呉音で、漢音ではイツである。また、のちに戊はボとみじかく発音されるようになった。

商王朝の小説をかくために、甲骨文字をのぞいたことがあるが、まず甲の字で唖然《あぜん》とした。甲の字は「十」なのである。

中国人は三という数に重きをおく。三を自乗すると九になる。九を極限の数とする考え方の方が無理がない。すると十干についても、一とは甲でなく乙ではなかったのか。乙が一で、癸が九であり、甲こそ十であった。あるいは別格な数であった。のちに十は満数とよばれ、「みち足りた」という意味をもつ。

では、甲の字を形成している十と外側の四角はなんなのか。そんなことを考えながら、

白川静博士の『甲骨文の世界』（平凡社・東洋文庫）を読み返してみると、十の字形をかこむ四角は、

――祀主《ししゅ》をおく石室の象形である。

と、ある。十はおそらく木を組み合わせ、人の形にした位牌《いはい》のようなもので、それを石づくりの室に安置した、それが甲なのである。

祖先をうやまうことの篤《あつ》い商民族としては、ここから商民族は確実にはじまったのだというおもいをこめて、甲はもっとも神聖で最上位におかざるをえない字であったのではないだろうか。

かつらの怖い話

日本の江戸時代の戯作《げさく》者に山東京山《さんとうきょうざん》という人がいる。かれは山東京伝の弟であり、兄の名声のかげにいる人であるが、かれには『歴世女装考』という女性風俗史の名著がある。この書物はいま吉川弘文館の『日本随筆大成』のなかにおさめられている。

ちなみに山東京山のその著作は、資料あつめからおよそ三十年かけて脱稿したという力作である。完成したのは弘化四年（一八四七年）であるらしい。「鏡《かがみ》の始原《はじまり》」の項からはじまり、「御歯黒《おはぐろ》の起原《はじまり》」の項でおわる。たいへん興味深い内容であり、そのなかに「かもじの事」という項がある。原文を少々引いてみると、

――かもじの本名はかつらといふ。

と、あり、さらに、

――かづら（かつら）をかもじといふは、湯巻《ゆまき》をゆもじ、内方《うちかた》をうもじなどと、片名《かたな》をとりてよぶ事、東山殿《ひがしやまどの》比《ころ》の女言《をんなことば》なり。

と、ある。かつらのことをかもじというようになったのは、片名、つまり片方の名をとってよぶ女ことばで、それは東山殿、すなわち室町時代の将軍・足利義政のころからはじまった、というのが山東京山の説である。

さて、本文を目で追ってゆくと、つぎのような一文にあたる。

――かつらは西土《から》にてもいと古し。

かつらは西土の中国でも古くからあった、という。その例として『詩経』が引かれ、また『春秋左氏伝』が引かれ、「衛《えい》の荘《そう》公」の名がみえる。

衛の荘公は孔子と同時代の人で、かつらといえば衛の荘公がおもいうかぶほど、奇妙な悲劇で有名になった春秋時代の君主である。衛の荘公について『史記』の「衛康叔《こうしゆく》世家」では、およそつぎのように記《しる》されている。

荘公が即位して二年目（紀元前四七九年）に、魯《ろ》では孔丘《こうきゆう》（孔子）が亡くなった。三年目に、荘公は城にのぼって、下をみると異民族の住居地がみえたので、あの者たちをあんなところに住まわせてよいのか、といった。その年の十月に、衛は晋の大臣の趙簡《ちようかん》子《し》に攻められたので、荘公は十一月に国外に脱出した。

まことに簡単な記述なので、これを『春秋左氏伝』でおぎなってみる。すると、いったん脱出した荘公は、すぐに帰国したものの、荘公を怨《うら》む大臣によって攻められ、異民族の住居に逃げ込んだ。ところが以前その家の妻の髪が美しいのに目をつけ、自分の夫人のかつらにするため、その妻の髪を剃《そ》ったことがあり、荘公を怨みつづけている夫によって、あっけなく荘公は殺されてしまった。

いわば荘公はかつらに殺されたのである。

王のシンボル

周《しゅう》王朝がいつからはじまったか、いまだにはっきりしていないが、かりに紀元前一〇〇〇年ころからはじまったとすれば、西周王朝期と東周王朝期をあわせて、およそ七百五十年つづいたことになる。周王朝を倒したのは秦である。

さて、周王朝のシンボルは鳳凰《ほうおう》のような鳥である。

日本では、

「鳴かず飛ばず」

というい いかたがいまだに生きており、それはなかなか成功しないことをいう。が、もとの意味は少々ちがう。

春秋時代（東周王朝前期）に、楚《そ》の国に荘《そう》王という名君がいた。かれは臣下の能力や忠誠心をためすために、即位すると遊び惚《ほう》けてみせた。自分をいさめる者は死刑にするとまでいった。

そのとき伍挙《ごきょ》という賢臣がいて、あえて王のまえにすすみでて、なぞかけをした。

「阜《おか》に鳥がおります。三年のあいだ飛びもせず、鳴きもしません。これはいったい何の鳥でしょう」

荘王はそれにこたえて、

「三年も飛ばない鳥であれば、もしも飛んだら、たちまち天にいたるであろう。三年も鳴かない鳥であれば、もしも鳴いたら、たちまち人を驚かすであろう」

と、いった。

三年というのは父母の死後、喪に服す期間であり、荘王はその服喪のあいだ遊楽《ゆうらく》にあけくれていたのである。荘王は伍挙のいわんとしたことをすぐに察し、もしもわしが聴政の席についたら、天にいたるほどの大事業をなし、天下に号令する声で、人はおどろくであろう、とおしえた。

この話は『史記』の「楚世家」にくわしい。原文では「飛ぶ」は「蜚《ひ》」という字がつかわれている。「鳴かず飛ばず」は、「飛ばず鳴かず」のほうが正しいわけで、意味としては、わざとおろかなふりをして人の心をためす、というのが本義であろう。

ここで注目してみたいのは、伍挙がほかの動物をたとえにださずに、鳥をだしたことである。ということは、鳥とは王である、と暗にいったことになる。たとえば戦国時代(東周王朝後期)の哲学書である『荘子《そうじ》』の冒頭の文はおよそこうである。

「北の冥《くら》い海に魚がいた。その名を鯤《こん》といった。鯤の大きさはいったい何千里であるかわからない。あるとき突然その魚が鳥になった。その名を鵬《ほう》という」

この鵬《おおとり》も王者のイメージである。ところが王者のシンボルは竜にとってかわられた。

そのことをつぎに書いてみたい。

竜のイメージ

中国では、竜をみた、と記述されている書物がすくなくない。したがって竜はあながち架空の動物ではないかもしれない。

その真偽はさておき、「逆鱗《げきりん》」といえば天子の怒りをいうように、王者と竜とがイメージでかさなるようになったのはどうしてであろう。ちなみに逆鱗は竜のあごの下のうろこのことで、それにさわった者を竜が殺すといわれている。

中国でもっとも古い王朝であるといわれる夏《か》を、商の湯《とう》王が倒したとき、群臣たちが、

――その社を遷《うつ》さんと欲す。(『史記』「殷本紀」)

ということがあった。社は夏王朝の神であり、神体は句竜《こうりゅう》とよばれる二匹の竜であった。すなわち社というのは、陸にあがった竜ということができる。その後、商王朝から周王朝まで、竜に至上のシンボルとしての栄誉があたえられることはなかった。

ところが、周王朝は倒れた。倒したのは秦である。秦の始皇帝は戦国時代に大流行した五行相剋《そうこく》の説を採用した。

五行は、宇宙を構成する元素を「木火土金水」の五つとしてあらわしたもので、五行相剋というのは、木は金に負け、金は火に負け、火は水に負け、水は土に負け、土は木

に負けるというものである。

王朝をそれにあてはめると、周王朝は火であるとされていたので、始皇帝は当然、秦王朝を水にあてはめた。ここにおいて水の神である竜のイメージは上昇し、最上位に達した。しかしながら秦王朝が短命であったのは周知の通りである。

秦王朝打倒の先陣をきった人物は陳渉《ちんしょう》である。この人は若いころ、人にやとわれて農作業をおこなっていたが、あるときため息まじりに、

――燕雀《えんじゃく》いずくんぞ鴻鵠《こうこく》の志を知らんや。（『史記』「陳渉世家」）

と、いったことは有名である。ツバメやスズメに大鳥の志がわかろうか、といったわけで、陳渉が自分を大鳥になぞらえたことは、周王朝のイメージをひきずっており、かれの革命思想が周王朝の復興にあることを予想させる。が、陳渉の革命は完成せず、つづいてあらわれた項羽《こうう》と劉邦《りゅうほう》によって、中国全土は戦乱の海と化し、ついに劉邦が勝った。

劉邦は秦の本拠であった西方を味方につけたこともあり、みずからを秦の後継者であると喧伝《けんでん》し、つねに竜と自分とがむすびつくようにイメージづくりをおこなった。劉邦がつくった王朝は漢である。この漢王朝がやがて巨大な版図をえたことにより、シンボルとしての竜も巨大になったといえよう。

諒闇《りようあん》三年

日本の古典を読んでいて、はっとおもうことがある。たとえば『徒然草《つれづれぐさ》』の第二十八段のはじめの文は、

――諒闇の年ばかりあはれなることはあらじ。

と、ある。帝《みかど》が喪に服される年ほど、さびしさの感じられるときはない、ということである。

ところで、その諒闇であるが、中国の商王朝期のなかばに商王として立ち、王朝を大いに栄えさせた高宗武丁《こうそうぶてい》とかかわりがある。この武丁について『史記』の「殷本紀」は、

――帝武丁位に即《つ》き、また殷を興《おこ》さんと思えども、いまだその佐《さ》を得ず。三年言わず。

と、書いている。武丁が帝位について、殷（商）王朝を復興させようとおもったものの、輔佐《ほさ》の大臣にめぐまれなかった。それで三年のあいだ黙っていた。問題としたいのは、

「三年言わず」

というところである。

古代の帝王の事績については、ほかに『書経』に記述がある。おなじところを『書経』では、

——王、憂《うれ》いに宅《お》り、亮陰三祀《りょうあんさんし》なり。すでに喪を免《のぞ》けども、それこれ言わず。

と、書かれている。武丁王は父の死後悲しみのなかにおり、喪に服すこと三祀（年）であった。喪があけたというのに、ことばを発することがなかった。

その事実を後世の者はいぶかしく感じたのであろう。孔子の弟子の子張は、

「書経には、高宗諒陰三年言わず、とありますが、どういうことですか」

と、師に質問している。孔子はそれにこたえて、三年間黙っていたのは高宗だけではない。君主が亡《な》くなれば、あとつぎの君主は喪に服すため、黙っており、そのあいだの政治は宰相がおこなうのだ、といった。

亮陰は諒陰とも書かれた。天子が喪に服すことをリョウアンといい、その期間が三年であるのは、高宗武丁のころにすでにきまりがあったとされていたのである。

ただし武丁自身については、その説明では、喪をのぞいてからも発言しなかったという一事を解せない。甲骨文をみると、武丁の聴覚には異常があり、どうやらそれが発言に障害となっていたらしい。

なお、はじめ輔佐の大臣にめぐまれなかった武丁であるが、のちに傅説《ふえつ》という賢人を夢にみたので、容姿を描いて臣下にさがさせた。ついに傅説を得るとかれを宰相にすえ、

王朝を復興させることに成功したのである。

おそらく武丁のとき商王朝は最大の版図をもったであろう。また、甲骨文字も武丁のころにできたとされている。

商業の興り

商人という呼称は、商王朝の商から生じたようである。

商業が興るには通貨の設定という背景を想像してみるのがふつうで、その点、商王朝がいかにすすんだ王朝を運営しようとしていたかわかろうというものである。ひょっとすると、中国古代の悪王の代表とされる紂《ちゆう》王がそれをおこない、王朝の運営の形態をあらためようとしたときに、周の君主に叛逆《はんぎやく》され、滅亡したとも考えられる。

とにかく物を遠くにはこび売るということを商の国民はおこなった。それゆえ、それをまねる人々は商の民でなくても、商人《ひと》のようだ、といわれたのではないか。やがて「のようだ」がとれて、商人になったのであろう。

こまかなことであるが、国名と人とがならべて書かれた場合、その国の民というより、その国の貴族をあらわしているときがあり、商人が商の国民全体をあらわすようになったのは、かなりあとの時代の考え方からくるものである。

それはそれとして、商の紂王が衆目をおどろかすようなものをつくったという説話が、『史記』の「殷本紀」にあり、それがなにかといえば、鹿台《ろくだい》とよばれる高層建築物と鉅《きよ》橋《きよう》とよばれる巨大な倉庫である。鹿台のなかには銭がみたされ、鉅橋のなかには粟《ぞく》（穀物)がみたされていた、とはっきり書かれている。

これは紂王の貪欲《どんよく》さをあらわすために書かれたのであろうが、はたしてそうであろうか。

紂王が通貨経済を発想し、実行しようとしたため、デフレやインフレの対策のために、すなわちいまでいう米価の安定のために、そういう調整用の倉が必要となったのではないか。また紂王が設定した通貨は銭というより貝であったろう。だいいち貨の字には貝がふくまれている。

黄河の南岸に鄭《てい》とよばれた邑《まち》があり、商王朝の末期にはそのあたりが商業の中心地であったようだ。もっと想像をおしすすめると、商を滅ぼそうとした周軍は、いきなり商の首都を攻めずに、鄭がある黄河の南岸に兵をすすめ、鄭をいちはやくおさえようとしたのではないか。商のたすけをえられない鄭の民はみずから武器をとり、抗戦した。これは織田信長が近畿《きんき》に進出したころの自由貿易の拠地である堺《さかい》を連想してみればよい。けっきょく周側は鄭をつぶさず、監督下において、商業の利をすいあげることにしたのであろう。

もっとも商王朝のつぎにくる西周王朝に貨幣経済は成立していないのであるから、以上の仮定はまったくの妄想であるかもしれない。

なにはともあれ、商業が興るには国家の安定と王の絶大な威光が存しなければならなかったことを強調しておきたい。

天下三分の計

天下三分の計といえば、かならず諸葛孔明《しょかつこうめい》をおもいうかべることであろう。

ところが晋の陳寿《ちんじゅ》の記した『三国志』の「蜀《しょく》書・諸葛亮《りょう》伝」には、劉備《りゅうび》から三顧の礼をうけて、劉備に仕えることに決心した孔明は、曹操と孫権に抗することをせず、荊《けい》州と益《えき》州とを支配し、覇業《はぎょう》をなすことを劉備に進言したものの、

――天下を三分する。

という語句はもちいなかった。むしろ孔明が赤壁《せきへき》の戦いのまえに、孫権を説いて、協力して曹操軍にあたろうとすすめたとき、

「鼎足《ていそく》の形」

という表現をもちいたのが、天下三分にあてはまる。鼎《かなえ》は古代からある煮沸《しゃふつ》器で、火にかけるために三つの足をもっているのが特徴である。四つの足より安定性にすぐれていたためであろう。したがって鼎足といえば安定をあらわしていたと考えればよい。

しかし、である。

天下三分の計をはじめに説いたのは諸葛孔明ではない。それより四百年以上もまえに活躍していた男がそれを明言していた。

「蒯通《かいつう》」

という楚漢戦争期の説客《せつかく》である。通は「とう」とも読まれる。説客は身分の高い者がかかえていた顧問とおもえばよいだろう。蒯通は名将の韓信《かんしん》のもとにいて、軍略を助言していた。

秦の始皇帝が亡くなると、各地であがった叛乱の火が中国全土に燃えひろがり、人民を焼きつくそうとしたが、その猛火にさらされても生き残った英雄豪傑の数がしぼられてきた。項羽《こうう》、劉邦《りゅうほう》、韓信、彭越《ほうえつ》、などがそれである。

項羽と劉邦が中原《ちゅうげん》で激突しているあいだに、韓信は北から東へ軍を展開し、燕《えん》と趙《ちょう》と斉《せい》の三国をおさえ、項羽配下の猛将である竜且《りょうしょ》をうちやぶった。恐れた項羽は人をやって韓信を説いた。その勧告をことわった韓信をみていた蒯通は、

——天下を三分し、鼎足のごとくして居《い》るに若《し》くはなし。

と、いった。そのことばは『史記』の「淮陰《わいいん》侯列伝」にみえる。項羽にも劉邦にも味方せず、じっと動かず、自分からしかけてはならない。項羽と劉邦とはそれぞれ欠点があり、韓信が二人にはない徳をもって諸侯を手なずければ、天下の盟主になれる。蒯通はそう献言した。

が、韓信はその献策をしりぞけ、劉邦に味方した。それはみずからの幸運を劉邦にくれてやったことになり、韓信は劉邦の后《きさき》によって殺されることになった。

大政奉還

坂本龍馬に、「船中八策《せんちゅうはっさく》」という新国家構想がある。これは大政奉還をふくんだ重要なもので、正確には「新政府綱領八策」というが、慶応三年（一八六七年）に龍馬は土佐藩の後藤象二郎《しょうじろう》にこれを語った。

その構想を土佐藩がとりあげ、十月に幕府に建白した。将軍の徳川慶喜《よしのぶ》はそれをうけいれて、十月十四日に大政奉還をおこなった。

龍馬の「船中八策」には大政奉還について、

——天下ノ政権ヲ朝廷ニ奉還セシメ

という表現がつかわれている。

慶喜の「上表文」では、

——政権ヲ朝廷ニ奉帰《かえしたてまつり》

と、ある。もともと朝廷に政権があるべきであり、それを返上するのはあたりまえであるといえばそれまでであるが、明治政府を樹立させようとした者たちは、この政府のイメージを周王朝のはじまりのころになぞらえようとした。

周は商を倒して成立した王朝である。が、じつに不安定であった。その不安定さは、周王朝の開祖である武王が革命を成功させると、すぐに死んでしまったというところにある。

武王の子の成王はまだ幼児である。商王朝は倒れたとはいえ、巨大な反動勢力が北方や東方にあり、いつ反撃してくるかもしれない。さらに、周の本拠は西方にあったのだが、商を倒すために東方に軍をうつしたことを知った西方の異民族が、不穏な動きをはじめた。不安定の要因はそんなところであった。

そこで周王室では、中国の統治を二つにわけ、東方を武王の弟の周公にまかせ、西方を武王の妻の邑姜《ゆうきょう》が治めることにした。むろん邑姜のもとに成王がいた。

周公は名を旦《たん》という。武王の弟のなかではとびぬけた英才で、この男でなければ東方を治めきれないとだれしも考えたのであろう、かれに絶大な権力があたえられた。実際、そのころ生きていた者は、周公を王とおもったであろう。

周公は独断で難事をさばき、謀叛《むほん》をたくらんだとして兄を誅殺《ちゅうさつ》さえした。その権力の大きさと名声の高さを、西方にいる者たちは疑心をもってながめ、

——周公は王位を簒奪《さんだつ》するつもりではあるまいか。

とささえ、ささやきはじめた。その声をきいた周公は、さっと成王に政権を奉還したのである。『史記』の「周本紀」ではそのくだりを、

——周公、政《まつりごと》を成王に反《かえ》し、北面して群臣の位に就《つ》く。

と、あざやかに書いている。ちなみに周公旦は孔子にもっとも尊敬された人である。

いけにえ

ギリシアの天才詩人であるホメーロス（あるいはホーマー）が生きていたのは紀元前七五〇年ころであった。その年代を中国史でみると、春秋時代の初期である。ホメーロスには『イーリアス』と『オデュッセイアー』という二大叙事詩があり、そのうちの『オデュッセイアー』は、トロイアを攻めたギリシアの将のひとりであるオデュッセウスが帰国の途で苦難に遭い、十年目にようやく帰り着くという内容で、よくぞこれだけの大作を遺《のこ》してくれたと感謝したくなる波瀾万丈《はらんばんじよう》の英雄譚《たん》である。

——あの男の話をしてくれ、詩の女神《ムーサ》よ、術策に富み、トロイアの聖い城市《とうと》を攻め陥《おと》してから、ずいぶん諸方を彷徨《さまよ》って来た男のことを。（呉茂一訳・岩波文庫）

という勇壮な書きだしは、地中海の風を感じさせてくれる。壮快そのものといってよい。

ところで、その冒頭の文からさほど遠くないところに、

「数多《あまた》の牡牛《おうし》や羊やの大贄《おおにえ》まつり」

という語句がみえる。これは当然、ギリシアで牛や羊がいけにえになったことをあらわしている。牛や羊をいけにえにしたのは中国でもおなじである。

たとえば商王朝期の甲骨文のなかに、東の天にむかって火まつりをおこない、雨ごいをするというものがある。それを意訳するとこうなる。

「東の天にむかって、三匹の豚、三匹の羊を火まつりにし、犬の肉をそぎおとして燃やし、黄牛を二つ裂きにしたらよろしいでしょうか」

そう問いつつ、祈ったということである。

いけにえになる動物にランクがあるとすれば、牛が最上位である。つぎが羊であろう。なぜそうなのか、と考えてみると、二つの理由があるようにおもわれる。

牛や羊の肉がうまさにおいて豚や犬の肉よりまさっていたから、神々にささげるのも味のよい肉のほうを上位においたのではないか。つぎに、角《つの》の問題があるようにおもわれる。これは宗教的な感覚を理解しないとわかりにくいことであろうが、古代の人々は角のある動物が好きで、その角に神聖なもの、あるいは神秘的ななにかを感じていたのではあるまいか。

商王はしばしば狩りをおこない、いけにえにふさわしい動物をみずから捕らえた。商王朝後期の王である武乙《ぶいつ》は、狩りのさなかに落雷にあって死んだ人である。

——武乙、河《か》（黄河）渭《い》（渭水）のあいだに猟《かり》す。暴《にわか》に雷《らい》あり。武乙震死《しんし》す。

と、『史記』の「殷本紀」にある。ただし、その死にかたに疑問があるので、あとで書いてみたい。

氷の利用

孔子の弟子のうち七十七人が『史記』の「仲尼弟子列伝《ちゅうじていしでん》」に記録されている。

そのなかに曾参《そうしん》という人がいる。記述はまことに簡略で、それを訳してみるとこうなる。

「曾参は南武城の人である。字《あざな》は子輿《しよ》である。孔子より四十六歳年下であった。よく孝道に通じていると孔子に評価された。それゆえかれに学問をさずけた。曾参は孝経《こうきよう》を作った。魯《ろ》で死んだ」

曾参は『論語』では曾子とよばれている。子は先生ということであるから、『論語』が曾参よりあとの世代の弟子たちによってつくられていったことをうかがい知ることができる。

それはさておき、曾参が死んだとき、遺骸《いがい》が台所で清められたということが『礼記《らいき》』に書かれている。かつてそれを読んだとき、

——いかになんでも、屍体を台所で洗うとは……。

と、奇異に感じたことがある。しらべてみると、曾参は貴族でなかったから表座敷で遺骸を洗ってもらえなかったのである。

身を清めるのに水をもちいるのであるが、『春秋左氏伝』ではそのとき氷をつかうと

書かれている。

古代に製氷はできなかったから、当然、自然の氷をはこんでくる。氷を氷室《ひむろ》に貯蔵しておくのである。氷を出すのにもきまりがあり、四月にそれをおこなう。氷をなんのためにつかうのかといえば、

――朝《ちょう》の祿位《ろくい》、賓食喪祭《ひんしょくそうさい》に、ここにおいてこれを用いる。

と、『春秋左氏伝』に明記されている。朝廷で祿位をもらっている人が接待や葬祭に氷を用いたのである。氷をはこび出すときは桃の枝の弓と棘《いばら》の矢で払う。それから貴族に氷が分配される。さらに老人や病人まで氷をもらえる。

氷をあつかう役人は、氷を切り出すのが山人《さんじん》、はこぶのが県人《けんじん》、納入するのが輿人《よじん》、収蔵するのが隷人《れいじん》とわかれている。氷室をひらくとき牡羊をささげる。また氷はその国の君主がつかってから、分配されるのもきまりである。

葬祭のときに氷がつかわれるのはわかるとして、接待のときにどのようにつかわれたのか、事例はない。

曾参の遺骸は氷で洗われたとはおもえないから、氷の分配は早い時期に熄《や》んでしまったのであろう。『春秋左氏伝』がつたえる話は、古き良き時代のきまりであったにちがいない。しかし少々皮肉な読みかたをすれば、氷の利用は、じつは上古にはなく、春秋時代よりあとにおこなわれたことで、それが『春秋左氏伝』に混入されているともいえる。

長幼の序

『司馬遷の『史記』を読んで感銘をおぼえた人はすくなくあるまい。清少納言は『枕草子《まくらのそうし》』のなかで、

――書《ふみ》は文集《もんじゅう》。文選《もんぜん》。新賦《しんぷ》。史記。五帝本紀。願文《がんもん》。表《ひょう》。博士《はかせ》の申文《もうしぶみ》。

と、書いている。漢文で書かれた文書というのは、白氏文集、文選、新賦、史記、五帝本紀、神仏への祈願文、上表文、官の叙任を申請する文書などが平安朝のころにあり、当然、宮廷の人たちは『史記』を読んだ。

ところでこの『史記』が人格を一変させたというあざやかな例が、江戸時代にある。水戸光圀《みつくに》である。光圀は頼房《よりふさ》の三男として生まれた。ちなみに頼房は徳川家康の末子である。光圀の生母は久子というが、この人がはじめに産んだ子が頼重《よりしげ》であり、光圀にすると同腹の兄にあたる。光圀のすぐ上の兄は異腹で、しかも幼少のうちに病死した。

生母の久子は身分が低かったため、頼重をはらんだときも光圀をはらんだときも、「水子《みずこ》にせよ」と頼房に命じられた。が、水戸家の重臣の三木之次《ゆきつぐ》によって中絶はまぬかれ、二人の子はひそかに育てられた。

頼重は京都へやられ、光圀は水戸で育った。のち、二人の存在はあきらかになり、光圀が嫡子とさだまった。その決定にはときの将軍である家光の意向があったらしい。光圀の光は家光から一字をたまわったものである。

十七歳までの光圀は手におえない不良少年であった。ところが十八歳のとき、『史記』の「伯夷《はくい》列伝」を読み、感動し、人が変わった。それについて光圀の養子となった綱条《つなえだ》は、

——先人十八歳、伯夷伝を読み、蹶然《けつぜん》として其《そ》の高義を慕う有り。

と、『大日本史序』で述べている。先人はむろん光圀をさしている。

伯夷は孤竹《こちく》国の君主の長子であった。ところが父が三男の叔斉《しゅくせい》にあとをつがせたいことを知って、国を出た。叔斉も兄をさしおいて嫡子になるわけにはいかぬとおもい、兄を追って国を出たのである。

孤竹国の兄弟の話が長兄の頼重と光圀自身の関係に投影された。

さらに光圀は『史記』の「呉太伯世家《ごたいはくせいか》」にも感動した。

周の古公亶父《ここうたんぽ》は自分の子のなかで末子の季歴《きれき》にあとをつがせたかった。それを察した長男の太伯は国を去り、呉へ行って、自分の国をつくった。

光圀は兄の苦しみを『史記』によってさとり、兄の子を養子として水戸の家督をつがせた。

呉の太伯が住んだところを梅里《ばいり》といい、光圀はその地名を自分の号とした。

六時堂《ろくじどう》の鐘

大阪の四天王寺を創建したのは聖徳太子であるといわれている。そのため聖徳太子の命日にあたる二月二十二日（旧暦）に法要がおこなわれる。それを「聖霊会《しょうりょうえ》」という。ただし、いまは四月二十二日におこなわれる。

その法要は、舞楽がおこなわれることで有名で、石舞台が六時堂のまえの亀《かめ》の池のうえにもうけられている。舞台の四すみに巨大な曼珠沙華《まんじゅしゃげ》が立てられる。『日本芸能史』（法政大学出版局）によると、その巨大な造花は聖徳太子の霊をむかえるもので、舞楽は花に宿った太子の魂にささげられる。造花の先端には「信貴山《しぎさん》の苔《こけ》」と「住《すみ》ノ江《え》の浜の貝殻」がつけてある。さらに、古来、聖霊会の舞楽は二十五曲を舞うのがさだめであるというのだから、早朝から深夜におよぶ舞楽は必見というべきであろう。

ところで、ここで問題にしたいのは、その舞楽ではなく、六時堂の鐘のことである。『徒然草』を書いた兼好法師は、いなかにゆくとろくなものはない、といいながら、四天王寺の舞楽をみておどろき、

「これだけは都のものにくらべてみおとりがしない」

と、大いにほめた。そのとき楽人と話をした。その話が『徒然草』の二百二十段に書

きとめられている。楽人はこういったのである。

「この寺の楽は、ほかよりすぐれております。そうさせるのは六時堂の鐘なのです。その音色は黄鐘《こうしょう》の中央の音です。つまり、鐘の音色は寒暑によってあがりさがりがあるため、二月の涅槃会《ねはんえ》から聖霊会までのあいだを標準としております。ただし、これは寺の秘伝ですが……」

と、楽人が喋《しゃべ》った時点で、それはなかば秘伝ではなくなった。兼好法師はそれにつづけて、

「およそ鐘の音は黄鐘の調子でなくてはならない。これはだれにでも無常の感をおこさせる調子で、祇園精舎《ぎおんしょうじゃ》の無常院の音色である」

と、いっている。

黄鐘というのは、中国の音楽用語で、十二律のなかで基準となる音のことである。十二律というのは、一オクターブをおよそ半音ずつに十二分したものをいう。より正確にいうと、十二律のなかで奇数の律を「律」といい、偶数の律を「呂《りょ》」という。六律のなかの黄鐘はきわめて重要であるため、定律といい、そこからほかの律の音の高さをきめてゆくのである。

『史記』のなかには音楽評論というべき「楽書」がある。そのなかで鐘の音は号令を感じさせ、君子がそれをきくと、武臣のことをおもいおこす、とあるのは、だいぶ兼好法

師とはちがう。

新年の吉凶

『史記』のなかに、天文学書というべき、「天官書」がある。そのなかに天候を占う名人である魏鮮《ぎせん》が、正月の朝に吹く風によって、その年の吉凶をどのように占ったかが記述されている。

科学的根拠はさておいて、古代の人がなにを感じ、なにを予想したのか、順をおって書きうつしてみる。

・風は八方から吹くものと考える。
・南風がやってくると、大きな旱害《かんがい》がある。
・西南風がやってくると小さな旱害がある。
・西風ならば、戦争がある。
・西北風ならば、大豆がよく実る。
・小雨であれば、兵が出動する。
・北風があれば、穀物の実りは中ぐらいである。
・東北風があると、豊作である。

・東風があると、洪水がある。

・東南風が吹けば、民間に疫病《えきびょう》があって、不作の歳《とし》になる。

以上が八風による占いであるが、どうやら吉の風は北から吹いてくるものであるらしい。西北風、北風、東北風はいずれも吉である。

風は商王朝のころから大いに意識されている。東西南北をつかさどる神を方神《ほうしん》という。その神々の使者が風神である。白川静博士は方神と風神とが八風の起源であろうと述べておられる。

また博士によれば、風神は方神の意向をうけて、ある地域に方神の意をつたえしめす。それによってその地域の風土性が特色づけられる、ということになる。風土、風俗、風光、風物などの風は、みなそのことに起因するようである。

さて、『史記』の「天官書」にもどると、正月の朝の占いとしては、人の声をきく、というものがある。

正月元旦《がんたん》のひざしが明るいとき、大都や町の人民の声をきいてみる。その声が宮音《きゅう》であれば、その年はよい。中国には五音というものがあり、それは、

宮、商《しょう》、角《かく》、徴《ち》、羽《う》

と、よばれる。

『中国の音楽世界』(孫玄齢著、田畑佐和子訳・岩波新書)によると、その五音は、ドレミソラ、にあたるという。それなら宮音はドである。

人民の声が、商(レ)にきこえると、戦争がある。徴(ソ)なら旱害があり、羽(ラ)なら水害があり、角(ミ)なら、その年はわるい。

音楽をやっている人に、元旦の人の声はどの音にきこえましたか、ときいてみたらどうであろうか。

身代わり

歌舞伎《かぶき》の演目のうち『菅原伝授手習鑑《すがわらでんじゅてならいかがみ》』といえば、

——ああ、「寺子屋」だな。

と、あまり歌舞伎をみない人でも、その話は知っているにちがいない。

が、まったく知らない人のために、そのあらましを書いてみる。ただし全体ではなく、「寺子屋」の場だけである。


この物語は菅原道真が流罪《るざい》となった事件をもとに成立したものである。

菅原一族の詮議《せんぎ》がきびしくなったので、道真の子の菅秀才《かんしゅうさい》は、道真の弟子の武部源蔵にかくまわれる。ところがどうしても菅秀才の首を打ってさしださねばならなくなった源蔵は、たまたま自分の寺子屋に入ってきたばかりの小太郎という子を殺し、その首をさしだす。


敵方の松王丸が首実検にくる。松王丸は菅秀才を知っており、とてもあざむけないと覚悟した源蔵に、意外や、松王丸は「菅秀才の首にまちがいなし」という。

じつは小太郎の父こそ松王丸であり、源蔵の苦境を知った松王丸が自分の子を寺子屋に入れ、菅秀才のいのちを救ったという逆転の劇なのである。松王丸とは何者なのか、知りたいかたは歌舞伎をみてもらいたい。

ところで、この話の原型は『史記』の「周本紀」にあるような気がしてならない。

西周の後期に、厲《れい》王という王が立った。この王が栄《えい》という国を領土にもつ夷《い》公を信頼するようになってから、政治が乱れはじめた。王朝のゆくすえを愁《うれ》える重臣たちが諫言《かんげん》しても、王は耳をかさない。やがて民までが、王をそしりはじめた。

厲王は怒り、王朝を誹謗《ひぼう》する者を殺した。すると民は黙ったので、王は喜び、自慢した。それをきいた召《しょう》公という賢相は、

「黙ったのではなく、黙らせたのです」

と、いい、ふたたび王をいさめた。しかし王はききながし、民を弾圧しつづけた。

三年黙っていた民は、突然、叛乱《はんらん》をおこした。王宮を襲ったのである。厲王はふせぎきれず王都を脱出した。そのとき厲王の太子の静《せい》は召公の家に逃げ込んだ。

それを知った民は召公の家をとりかこみ、

「太子を出せ」

と、くちぐちに叫んだ。このとき召公は、

「ここで太子を殺すと、わたしの諫言がきいてもらえなかった怨《うら》みを晴らしたとおもわれる。君主につかえる者はいかなる危険にあっても君主を怨まず、怒らないものだ」

と、いって、自分の子を太子の身代わりにした。そのため太子静は危険を脱すること

ができたのである。

消えた九鼎《きゅうてい》

鼎《かなえ》の軽重《けいちょう》を問う、といえば、権威のある者にその実力をこころみる、という意味で、いまの日本でもつかわれる成語である。現代の中国ではそのことを「問鼎《もんてい》」といい、やはり死語ではない。

さて、その鼎とはどこにでもあるという煮沸器《しゃふつき》ではなく、天下を制した王室がもつべき鼎のことで、正確には「九鼎」という。

九鼎をつくったのは夏《か》王朝の始祖の禹《う》王であるとつたえられる。鼎に彫られた絵柄は中国全土をなりたたせている九つの州をあらわしていたらしい。

夏王朝がほろぶと、九鼎は商王朝につたわった。商王朝がほろぶと、当然、周王朝につたわることになったのだが、『史記』の「周本紀」では、牧野《ぼくや》の戦いという大会戦で商の紂《ちゅう》王を破った周の武王は、史佚《しいつ》という史官に命じて、

――九鼎保玉《ほうぎょく》を展《の》べる。

ということをやらせた。商王朝の廟室《びょうしつ》をひらき九鼎と宝玉をならべさせて、検分したのである。

さらに「周本紀」の文を追ってゆくと、

——ついに営築《えいちく》して九鼎を居《お》く。

という一文にぶつかる。武王の子の成王の代になって、洛陽《らくよう》の地に新しい都を造営して、そこに九鼎をおいたという。

それから永々と周王朝はつづき、春秋時代になって、天下制覇《せいは》をのぞむ楚の荘《そう》王がはるばる洛陽の地まで兵をのぼらせ、周王室にむかって鼎の軽重を問うた。荘王が言外にいわんとしたことは、

「周王室は実力がおとろえたので、わしがかわって天下を経営してやろう」

ということである。このとき周王の使者として荘王に会った王孫満《おうそんまん》という知力にとむ王臣は、

「周は天命がつきておりませんので、鼎の軽重を問うてはなりません」

と、明言し、荘王を去らせた。荘王は楚の歴史では最高に位置する名君で、天命というものがわかる人であった。

ところが、ついに周の天命がつきるときがきた。王朝は滅亡し、九鼎は移動中に泗水《しすい》という川に沈んだ。秦の始皇帝は帝位にのぼってから、九鼎を帝室におさめようとして、泗水に千人をもぐらせ、さがさせたが、どうしてもみつからなかった。

九鼎はどこにあるのか。九鼎は青銅製と考えられるが、もしも土でできた鼎であれば川底でこわれてしまったこともありうるのだが……。

秦帝国の首都

『史記』の「項羽本紀《こううほんぎ》」を読むと、項羽は鴻門《こうもん》の会において、劉邦《りゅうほう》には自分に敵対する意思がないと判断し、前方にいる劉邦の軍を無視するかたちで自軍を西へすすめ、秦帝国の首都である咸陽《かんよう》にせまった。

中国の地名における陽と陰というのは、川または山がそのまちの南北どちらにあるかによってきめられている。たとえば洛陽というまちは、洛水という川の北にあるからそう命名された。陽は川の北か山の南をあらわし、陰は川の南か山の北をあらわしている。日本で山陽とか山陰とかいうのは、その表現のなごりである。

咸陽は渭水《いすい》という川の北にあった。したがってふつうであれば渭陽とよべばよいところであるが、その首都の北に山があり、陽とよぶ条件がみなそろっていたので、みなにあたる咸の字を陽にかぶせて、咸陽と名づけられた。

さて、項羽が咸陽にはいると、

――秦の降王《こうおう》の子嬰《しえい》を殺し、秦の宮室を焼く。火三月《みつき》滅えず。

ということがおこった。降王は、降伏した王のことである。項羽よりまえに咸陽に着いた劉邦は子嬰を殺さなかったのに、項羽は容赦なく始皇帝の子孫を殺し、宮殿を焼いた。宮殿を灰と化す火が三カ月消えなかった、と司馬遷は記述した。

高校生のとき、はじめてこの文を読んだとき、中国人の表現はおおげさだから、そう書いたのだろう、建物が三カ月も燃えつづけることはあるまい、とおもった。ところが「秦始皇本紀」をよく読むと、秦の宮殿の規模は想像を絶するほど大きい。

中国統一をはたした始皇帝は宮殿の拡張工事をはじめた。

群臣が参朝する宮殿にあたる朝宮《ちようきゆう》を、渭水の南に造営した。その西に、阿房《あぼう》というところがあり、そこにも宮殿をつくった。その宮殿の上には、なんと一万人がすわることができた。

各宮殿を高架の廊下でむすび、阿房宮から渭水をまたぐかたちで咸陽の宮殿にかよう復道《ふくどう》がつくられた。復道は上下二重の道である。

そのほかにも始皇帝はあちこちに宮殿をつくらせ、関中《かんちゆう》とよばれる咸陽を中心とする地方に、三百の宮殿を竣工《しゆんこう》させたのである。

それらの宮殿が燼滅《じんめつ》するのには、二、三カ月を要したと想像しても、なんらむりはないであろう。廃墟《はいきよ》となった咸陽は、その一部がのちに渭水のながれに没してしまったので、そこだけは発掘調査のおよばない、まさに幻の都となった。

大うつけ

『信長公記』を書いた太田牛一《おおたぎゅういち》は、天文二十三年（一五五四年）に柴田勝家が清洲《きよす》を攻めたとき、足軽衆としてその戦いに参加している武人で、以後、信長、秀吉に仕えた。慶長十五年（一六一〇年）に八十四歳で、なお健在であったようだから、長寿の人である。

さて、『信長公記』は信長についておもしろい記事を満載しているが、「首巻」のなかに、信長の生活態度を寸描しているところがある。

——信長十六・七・八までは別の御遊びは御座《ござ》なく

と、あるのは、信長が十五歳まではおとなしい少年であったことをあらわしている。しかしながら十六歳から十八歳のあいだに、生活態度に変化が生じた。たとえば、通りを歩きながら、栗《くり》、柿《かき》、瓜《うり》などを大口をあけて食べ、人目の多い町のなかでも餅《もち》をほおばり、歩きかたといえば、人によりかかったり、人の肩にぶらさがったりした。

そんな信長をみて、人々はあきれた。

——大うつけとより外《ほか》に申さず候《そうろう》。

と、太田牛一は記述している。

信長を変えたのは、どう考えても、父の信秀《のぶひで》の死であろう。信秀の歿年《ぼつねん》には諸説あって一定していないが、信長の十六・七・八歳のときに死んだ。信長はその年齢で君主になったのである。

信長という頭脳明晰《めいせき》な男は、一見、独創的なことをつぎつぎにうちだしていったようにうけとられがちだが、その底にじつに勤勉な学習者の姿がみえる。自分を大うつけにみせたのも、学習したことの実践ではなかったのか。

たとえば『史記』の「田敬仲完世家《でんけいちゅうかんせいか》」に、斉《せい》の威《い》王が即位して九年のあいだ国政をほったらかしにして、うつけをきめこんだという挿話がある。

あるとき威王は即墨《そくぼく》の邑《まち》を治めている大夫《たいふ》（小領主）をよび、

「わしのもとには、なんじの悪口が毎日きこえてくるが、ひそかにしらべてみると、即墨はまことによく治められている。それはなんじがわしの側近にとりいらなかったせいであろう」

と、ほめ、この大夫に一万戸の領地をあたえた。逆に、阿《あ》の邑を治めている大夫には、

「なんじの評判はきわめてよい。が、しらべてみれば、阿の民は貧苦におり、なんじはなまけ者よ。わしの側近に賄賂《わいろ》をおくったな」

と、責め、この大夫ばかりか賄賂をうけとった側近どもも、鼎《かなえ》で煮殺してしまった。

以後、斉の国はみごとに治まったという。

中国の古典を学んだにちがいない信長の頭のどこかに、この話があったのではないだろうか。

名とあざな

『史記』の「孔子世家」の冒頭にこういう文がある。
——孔子生まれる。生まれて首上圩頂《しゅじょううちょう》なり。故《ゆえ》に因《よ》って名づけて丘《きゅう》と曰《い》うと云《い》う。字《あざな》は仲尼《ちゅうじ》、姓は孔氏。
孔子が生まれた。赤ん坊の孔子をみると、頭のてっぺんがくぼんでいた。圩というのはみなれない字であろうが、これは凹とおなじことである。その頭のかたちをみた親が孔子の名を丘にしたということである。あざなは仲尼であり、姓は孔であった。
なぜくぼみがある頭をみて丘《おか》をおもったかといえば、丘は山ということではなく、墳《はか》ということだからであろう。そのくぼみは墓穴ということになろうか。
それはさておき、あざなは仲尼とある。仲は兄弟の序をあらわしている。
長男は孟《もう》または伯
次男は仲
三男は叔《しゅく》
四男あるいは末弟は季《き》
というのが一般的である。

たとえば「高祖本紀」には、漢王朝をひらいた劉邦《りゅうほう》について、
——姓は劉氏、字は季。
と、ある。つまり劉邦は四男であったのだろうが、末弟ではなかった。かれには弟がいたようで、天下がさだまりつつあるとき、
——弟の交《こう》を楚王と為《な》す。
ということをした。この弟のあざなは不明である。

ふたたび孔子のあざなにもどると、仲尼の尼は丘の名である。孔子の母が尼丘《じきゅう》という丘に祈って孔子をさずかった。

あざなの存在は中国人の思想をよくあらわしている。あざなは生まれてすぐにつけるものではなく、成人となったあかしとしてつけるものである。本名は家族のなかでつかい、あざなは対外的につかう。成人に達すると、家の外の人とのつきあいがはじまり、そのためにもうひとつの名を用意するのである。

そのことは人というものはつねにふたつの世界をもっているということをあらわしている。ひとつは家族という血縁の世界で、この外にいわゆる世の中がある。

極端なことをいえば家の外で法にふれることをしても、家のなかでは無罪であるから、家族の者を外の法からかばい通そうとする。それを愛情の問題で解しようとすると、まとがはずれる。宇宙観がちがうとおもったほうがよい。家族と先祖で成り立つ世界は、

独立した宇宙なのである。

武帝への復讎《ふくしゅう》

司馬遷という人は正義感の強い人であったようだ。その正義感が李陵《りりょう》の事件に発揮され、かえってわざわいをこうむった。

李陵は司馬遷の僚友といってよい。

漢の武帝が李陵に八百の騎馬をあたえたところ、李陵は敵地である匈奴《きょうど》の地を二千余里も侵入して帰ってきた。その勇気をめでて、武帝は五千の歩兵を李陵にあたえたのである。李陵はその兵をきたえて強兵にしたあと、武帝に出撃のゆるしを請《こ》い、匈奴征伐をおこなった。ところが匈奴はその五千の兵を八万の兵で包囲したのである。さすがの李陵も力つきて、匈奴に降伏した。

その行為を武帝への裏切りではないと信じた司馬遷は、李陵を弁護したのである。が、やがて李陵が匈奴の将となったことがわかり、激怒した武帝によって、李陵の母や妻子は処刑され、司馬遷も宮刑《きゅうけい》に処せられた。このときから司馬遷の正義感は、おもてにはあらわれず、自分が手がけている『史記』のなかにこもったにちがいない。

「列伝」の冒頭をかざっているのは、「伯夷《はくい》列伝」である。伯夷と叔斉《しゅくせい》という兄弟が、生国をのがれて、理想の王をさがしもとめたすえ、現実に絶望し、首陽山《しゅようざん》に隠れ住むうちに餓死したという話である。史実というよりむしろ神話に属するようなこの話を、個人の伝記にあたる「列伝」のはじめにもってきた司馬遷の意《おも》いの哀《かな》しさとすさまじさは、読む者の胸をはげしく打たずにはおかない。

「列伝」の第二は「管晏《かんあん》列伝」であることも注意を要する。

司馬遷は『老子』や『孫子』などを愛読していたらしいのに、老子の伝は第三に、孫子の伝は第五にまわしている。神話からのがれた歴史上の人物として、管仲《かんちゅう》と晏嬰《あんえい》の伝記を筆頭にもってきたのは、やはり司馬遷なりの必然があったとみるべきである。

管仲と晏嬰は、いうまでもなく春秋時代に活躍した斉《せい》の国の名宰相である。だが司馬遷はそれをいいたかったわけではない。管仲は斉の桓《かん》公に敵対し、命まで狙《ねら》ったのに、ゆるされて宰相の地位にひきあげられた。一方、晏嬰は斉の荘公に憎まれて大夫《たいふ》の席を逐《お》われたのに、荘公が殺されると、敵兵のただなかを単身ですすみ、荘公のなきがらをいたわった。

この二つの説話に、漢の武帝と自身の関係を投影したかったのであろう。もっといえば、寛容力のかけた武帝は、司馬遷の『史記』によって、復讎されたのである。

小説家

斉《せい》という国を建てたのは太公望呂尚《たいこうぼうりよしよう》である。この人は姜《きよう》族とよばれる遊牧民族の出身であったから、羊をあつかうのはうまかったが、魚つりは大いにへたであった。その太公望が周の武王の革命を獅子《しし》奮迅《ふんじん》の活躍でたすけた功により、斉の国をたまわったのだが、その国が海に近かったのは皮肉なものである。

太公望の子孫は春秋時代まで斉に君臨した。ところがこの国は戦国時代のはじめに宰相の田《でん》氏（もとは陳氏）に乗っ取られた。しかし国号は斉のままであったから、君主の血胤《けついん》を区別するために「姜斉」と「田斉」という呼称がつかわれる。

田斉の君主が宣《せん》王になったとき、この国に学者がむらがった。そのあたりを『史記』の「田敬仲完世家《でんけいちゆうかん》」の文をかりるとこうなる。

——宣王、文学游説《ゆうぜい》の士を喜ぶ。騶衍《すうえん》、淳于髡《じゆんうこん》、田駢《でんべん》、接予《せつよ》、慎到《しんとう》、環淵《かんえん》の徒の如《ごと》きより、七十六人、皆列第《れつてい》を賜い、上大夫《じようたいふ》と為《な》す。治めずして議論す。是《ここ》を以《もつ》て斉の稷下《しよくか》の学士復《ま》た盛んにして、且《まさ》に数百千人にならんとす。

こまかな説明はここではしないが、騶衍をはじめとして名が記された学者たちは、大学者といってよい。宣王は稷門とよばれる城門の外に文教地区をもうけ、そこに私立学校の設立をみとめたのである。騶衍にしろ淳于髡にしろ、いまの大学教授というより、学長であるとおもったほうがよい。

列第というのは、列をなした邸宅ということで、上大夫の身分は朝廷では大臣にあたる。たいへんな優遇である。

それをきいて学者たちが全国から集まり、自説をとなえて宣王の耳をかたむけさせようとする者の熱気で、斉の首都は沸きかえったことであろう。

それぞれの説は微妙にちがったであろうから、百人の学者がいれば百家があったことになる。のちに『漢書』ではそれらを流れとしてとらえ、たとえば老子などの思想を説く田駢などは「道家《どうか》」におさめた。

そのなかに「小説家」がある。

小説家は細別すると十五家あり、著作は千三百八十篇あるという。ではいったい小説家とはなにものなのかといえば、街や巷《ちまた》で聴いたことを路傍で伝え説く者のことであるらしい。

騶衍や淳于髡が大説家であり、それにたいする小説家なのである。

小説家の道は小道であり、小説家そのものは小知であると明記されている。君子は小道を学ばないものである。といわれてしまうと、小説が盛んになることに首をかしげざるをえない。が、滅んでもらってもこまるのである。

「帝」の称号

紀元前一一〇〇年から一〇〇〇年のあいだに滅亡したと推定される商王朝の王は、紂《ちゅう》王または受《じゅ》王とよばれるが、本名にあたる諱《いみな》は辛《しん》である。その諱に帝《てい》をかぶせて帝辛という。

帝辛の父は帝乙《いつ》である。そこまではよいとして、帝乙の父は文丁《ぶんてい》であるといわれると、おや、とおもわれる人が多いであろう。

――なぜ、帝丁ではないのか。

と、いうことである。

いったい帝とは何であるのか。

白川静博士の『甲骨文の世界』には、帝についてくわしい解説がなされている。興味のあるかたはそれをお読みになることをお勧めするが、要するにさまざまな神の上にあって、世界（もっといえば宇宙）を主宰するもの、それが帝であったようだ。

帝という字は神の卓（テーブル）から発していて

――帝は形なき神であるから、その祭壇の形を以《もっ》て示されるのである。

と、白川博士はたくみな表現をもちいておられる。

文丁王からはじまって帝辛までの時代を小説に書いたとき、帝乙はどうやら宗教改革をおこなったことに気づいた。帝乙はみずから神になろうとした。これは王朝が苦境に立ったからではなく、むしろ栄えはじめたからであったろう。当然、その神の位は子にゆずられたので、帝という称号はひきつがれた。

しかしそのことが商王朝の最大の不幸となった。

なぜなら商王朝を倒そうとする者にとって、王が同時に帝であるなら、王を殺せば帝も消滅するとわかったからである。その首謀者が周の文王である。

周の文王が諸侯を手なずけていることを知った商の忠臣の祖伊《そい》は、帝辛に、

――天すでに我が殷の命《めい》を訖《お》えんとす。

と、いったことが『史記』の「殷本紀」に書かれている。

が、その言には二つの嘘《うそ》がまじっている。一つは「天」であり、ほかの一つは「殷」である。天は周王朝ができてから、帝にかわる存在として想像したものであり、殷は商王朝が滅んでからの呼びかたである。

文王は商王朝を倒せなかったが、文王の子の武王が宿願をはたした。紂王の死はとりもなおさず帝の消滅であったから、周王は代々帝の称号はもちいなかった。帝が復活するのは、秦の始皇帝からである。

士会《しかい》の兵法

中国の春秋時代に大会戦とよばれるものはさほど多くない。周の定王十年(紀元前五九七年)に、黄河の南岸の邲《ひつ》という地で、晋《しん》軍と楚《そ》軍がそれぞれ盟下の国の軍をしたがえて激突した。それを、

「邲の戦い」

と、いう。楚軍が大勝し、晋軍は惨敗《ざんぱい》した。そのあたりを『史記』の「晋世家」は、

——晋の軍敗れ、河に走り、度《わた》るを争う。船中の人指《じんし》甚《はなは》だ衆《おお》し。

晋軍は敗北し、黄河にむかって走り、争って河を渡ろうとした。船中の敗兵は早く船を出そうとして、舟べりにすがってくる兵たちの指を切り落としたので、船中にその指が多かった。

おなじ情景だが『春秋左氏伝』では、

——中《ちゅう》軍下《か》軍、舟を争う。舟中《しゅうちゅう》の指掬《きく》す可《べ》し。

晋は上軍、中軍、下軍で構成されており、中軍と下軍の兵は争って舟に乗った。切り落とされた指は、両手ですくいあげることができるほどであった。すさまじい表現である。

ところで晋の上軍はどうしたのか。ここで登場するのが士会という天才兵法家である。士会は上軍の将であり、晋の大臣であったが、用兵のたくみさは春秋時代を通して一、二を争う人である。

士会はこのとき楚軍の勢いと自軍のまとまりの悪さから、敗退を予想した。が、一兵も損じまいときめて、伏兵をもうけ、楚軍の追撃をかわして、すらすらと黄河を渡ってしまった。みごととしかいいようがない撤退である。

さて、その士会が楚軍との決戦をひかえた軍議の席で、楚軍と争うことの不利を説いた。そのなかで、

——可《か》を見て進み、難《なん》を知りて退くは、軍の善政なり。

と、いった。『春秋左氏伝』にあり『史記』にはないことばである。勝つことができるのであれば進めばよいし、勝つことが困難であれば退けばよい、ということである。奇妙なことに、戦国時代になって出現した天才兵法家のひとりである呉起《ごき》の言動が記録されている『呉子』に、同様の文がみえるのである。

——所謂《いわゆる》可を見て速《すす》み、難を知りて退くなり。(「料敵篇《りようてき》」)

所謂は、世にいうように、と訳せるが、士会のことばはそんなに人口に膾炙《かいしや》したのであろうか。『春秋左氏伝』は孔子が尊敬した左丘明《さきゆうめい》の著述であるというのが通説であるが、むしろ『春秋左氏伝』を書いたのは、呉起である、としたほうがおもしろい。そう

いう説もあるらしいのである。

高祖黄帝《こうてい》

楚の国に屈原《くつげん》という天才詩人があらわれたのは戦国時代である。かれは楚の貴族であり、国政に参与する立場にいたが、中傷され、王からしりぞけられると、楚の衰亡を予感し、憂《うれ》えのあまり石を抱いて汨羅《べきら》という川に身を投げて死んだ。屈原の生涯については『史記』の「屈原賈生《かせい》列伝」にくわしい。

屈原の著作である「離騒《りそう》」は中国の古詩のなかの最高傑作といわれる。騒は「さわぐ」にはちがいないが、心のさわぎ、をいい、いまでも騒人といえば詩人のことをいう。ところで屈原が書いたかどうかうたがわしいが、『楚辞』（楚の歌）にふくまれているものに「天問《てんもん》」がある。これは古代のことがらについて、なぜ、なぜ、と問いかけてゆく形式で、たとえば冒頭は、

——遂古《すいこ》の初めは、誰《たれ》かこれを伝道せる。

と、歌っている。

遠い昔のはじまりは、いったい誰が語り伝えたのであろう。

たしかにそうである。『史記』には二千年以上の歴史が書かれているが、その巻頭は黄帝からである。黄帝は春秋時代にはあらわれない帝号で、ちなみに『論語』には、黄

帝よりあとの堯《ぎょう》帝や舜《しゅん》帝はあっても、やはり黄帝はない。ということは、黄帝の存在は春秋時代のあとに想像されたのであろう。

おもしろいことに、戦国時代の斉《せい》の国王であった威《い》王の発言が祭器にきざまれて残っており、そこには、

「高祖黄帝」

の文字がみえる。それはいわゆる金文であるから同時史料であり、威王の室《いえ》である田《でん》氏（陳氏）の大昔の先祖が黄帝であると明言したことにまちがいはない。

春秋時代の人々が知らなかった黄帝を斉の王室が高祖であるといったことは、威王以前に斉において古代研究がさかんになり、

――堯や舜のまえの帝王は、だれなのか。

と、問討《もんとう》され、神話や伝説が集められ、黄帝の存在がうかびあがってきたと考えられる。したがって黄帝は想像力だけで産みだされた帝王ではないかもしれない。人々がその存在を信じ、王室が認定するにいたるには、あきらかな根拠が必要である。

『史記』に書かれている黄帝の事績は、斉でおこなわれた研究の一部であろう。それらの全部が残っていれば、中国の神話と伝説はみごとな大系をそなえていたであろうが、残念ながら、中国のそれはギリシア神話にはるかにおよばない。

召《しよう》の系統

召という国が商王朝のときから存在することは甲骨文からあきらかである。商と周が対立しはじめたころ、召に若い君主があらわれた。この君主の名は奭《せき》という。その字にふくまれるふたつの百は、

――婦人の両乳の部分をモチーフとして加えた文身の文様。(『字統』)

である。亡《な》くなった高貴な女性の乳房に、百にた文様を赤で描いたのである。邪霊をさけるためである。その赤があざやかであったせいもあろう、奭は「あきらか」と訓《よ》まれる。

むろん召公奭は男性である。名君であった。『史記』の「燕《えん》召公世家」に召公の事績が略記されているが、召公が周と同姓であるというのは、ちがうであろう。かれは商と周の対立を傍観していたが、やがて周に味方することを決断した。そのころの召は漢水近くにあったから、南方の勢力をかれがまとめあげて、周軍に投じたのである。

周は西方の国であった。西方の勢力と南方の勢力とがむすび、さらに羌《きよう》族の力がくわわった。羌族は遊牧民族であり、中国の各地にいたが、その一部を、羌族出身の太公望《たいこうぼう》

という男が率いて、召周連合軍に参加した。

この太公望という青年は、貴族の出身ではなく、もちまえの血のめぐりのよさと肝の太さで、革命を成功させるために東奔西走し、召と周は仲がよいとはいえなかったのに、それを連合させたといえば、日本の坂本龍馬にている。いや、坂本龍馬が太公望ににているといったほうが、先賢に失礼がないであろう。

周軍に敗れた商軍は大きくふたつにわかれた。周に降伏した軍と逃亡した軍とがあった。逃亡した兵はおもに東と北にむかった。東方に奄《えん》という国があり、この国の君主をかついで、周に反撃しようとした。そこで周は召公の力をかりて、奄をつぶした。ただし国名は残り、そこを支配下においた召は、奄とよばれたと考えられる。

反動勢力はまたしてもふたつにわかれ、東方と北方にのがれた。周としては東方で敵対する勢力をつぶすために太公望をやり、北方にとどまった勢力を中国の外へ掃き出すために召公をやった。召公自身は中央にとどまり、かれの兄弟がその任務にあたった。

奄が空いたので、周は周公旦《たん》の子の伯禽《はくきん》をいれた。周公旦は周王・武王の弟である。奄は魯と国名をかえた。

そのころ召はあいかわらず国名を奄といっていたかもしれず、のちに燕の字にかえたと想像できる。

燕には南燕と北燕とができ、北燕の本拠はいまの北京《ペキン》の近くにあった。戦国時代には南燕はなくなり、燕といえば北燕をさす。燕は紀元前二二二年に秦の始皇帝にほろぼされるまでつづいた。

地動説

中国古代の人々は驚嘆するべき発明や発見をしているが、天文学の発達もそのひとつであろう。

天体の観測は暦をつくるうえでどうしても必要であった。やがて日や月や星のうごきが地上の吉凶を予告しているのではないかという考えかたから、星占いなどがさかんにおこなわれるようになった。

春秋時代の斉の国の君主に景公《けい》がいる。この君主は生前でも歿後《ぼつご》でも、まことに評判が悪い。ぜいたくを好んだからである。暗君といってよい。これほどの暗君が天寿をまっとうできたのは、景公の下に名宰相の晏嬰《あんえい》がいたからだと後世の有識者はいう。事実、そうであろう。

景公の君主ぶりについて、『史記』の「斉太公世家」は、ぞんがいさらりと書いていている。が、『晏子春秋』という戦国時代に成立したらしい書物には、腹をかかえて笑いたくなるような話がいくつも載せられている。それらの話は小説として書いているので、ここではふれないが、ひとつおどろくべきことが書かれているのを紹介しておく。

あるとき景公が太卜《たいぼく》という臣下に、

「そのほうは、いったいなにができるのか」

と、問うた。太卜は姓名ではない。卜は占いのことであるから、占いの長を太卜とよんだ。

景公のききかたは、いかにも軽蔑《けいべつ》をふくんでいて、天文を観《み》ることは無能でもできる、といわんばかりであったので、太卜はおそらく、むっとしたのであろう。

「地を動かすことができます」

と、こたえた。

これには景公がおどろき、あとで晏嬰がきたとき、そのことを話した。晏嬰はだまったまま退出して、すぐに太卜のところにゆき、

「地は動くのか」

と、問いただした。

太卜は、さようです、と返答して、晏嬰が去ると、景公の前にいそいでゆき、

「さきほど、わたしは地を動かせると申しましたが、もともと地は動こうとしているものです」

と、正直なことをいった。

晏嬰が君主の前でだまっていたのは、太卜の言がちがうといえば太卜が罰せられるし、太卜の言が正しいといえば景公がだまされたことになるかもしれないからである。

晏嬰は上に忠、下に恵であったと後世の人はほめそやした。それよりも、その太卜が地動説に自信があったことにおどろかされる。かれの研究が残っていないことがくやまれる。

長寿の願い

その国の最高権力者の地位についた者は、当然、なんでも求めれば得ることができるのだが、たったひとつ、求めても得られないものがある。いのちの長さである。

「このすばらしい世から、いつか去らねばならぬときがくるとは、なんと悲しいことか」

と、なげいた者はすくなくない。

戦国七雄とよばれる秦、斉、楚、韓、魏、趙、燕の国々を、ひとつにまとめあげた秦王政、のちの秦の始皇帝も、無限のいのちを欲したひとりである。

その願望にたくみにとりいった男のなかに、燕の出身の盧生《ろせい》という者がいた。

中国統一後、始皇帝は各地の巡幸《じゅんこう》をさかんにおこなったが、紀元前二一五年にあたる始皇帝三十二年（このかぞえかたは秦王政の元年を始皇帝元年とするものである）に、碣《けつ》石《せき》山にのぼった。

この山がいまのどの山にあたるのか、わからないのだが、とにかく河北にあった山であるらしく、朝鮮に近い遼西《りょうせい》郡にあったともいわれる。中国で発行されている「歴史地図集」をみると、秦の時代の一郡である遼西郡に碣石の文字と山の印がある。そこまで始皇帝はいったのである。

――始皇、碣石に之《ゆ》き、燕人《えんひと》盧生をして羨門高《せんもんこう》を求めしむ。（『史記』「秦始皇本紀」）

この羨門高は意味が確定できない語で、いちおう仙人の名であると解される。中国の中華書局が出している『史記』では、そこは、

「羨門高誓」

と、なっていて、羨門と高誓というふたりの仙人を求めさせた、と読ませるようになっている。

ただし私見をいえば、羡はセンと読むべきではなく、エンと読むべきではあるまいか。エンは延ということであり、いのちを延ばすことにつながる。羡はふたつの音をもっている。羨門はエンモンと読めば、人名というより地名のようにおもえるが、どうであろう。

この盧生という男は、けっきょく始皇帝のためになんの役にも立たず、ついに逃げ去ったのであるが、ひとつだけ重要な図書を始皇帝に奉じている。鬼神のお告げが記録されたもので、そこには、

――秦を亡《ほろ》ぼす者は胡《こ》なり。

と、書かれてあった。じつは、あとでそのことをふりかえってみると、不老不死の術

や薬を盧生は始皇帝に献じなかったが、王朝を長生きさせる妙力《みょうりき》をもたらしていたのである。

始皇帝は、その不吉な胡を北方の異民族と解したのだが、始皇帝の末子を胡亥《こがい》といい、かれが二世皇帝の位につくことで秦王朝は亡んだのである。

鶴鳴《かくめい》

日本人は鳥のなかでも鶴《つる》をこのむ国民だとおもわれる。

中国の古代の歌謡集である『詩経』に、「鶴鳴」という詩があり、この詩はかなり多くの人に歌われたようである。というのは、詩句のなかに、

「它山《たざん》の石」

という有名な語句をふくんでいるからである。它は他とおなじで、他山の石、はいまの日本語のなかにも生きていて、ほかの山の石（他人のつまらぬこと）でも自分をみがくのに役立つ、という意味をそなえている。

それはさておき、鶴に話をもどすと、その詩句には、

——鶴は九皋《きゅうこう》に鳴き、声天に聞こゆ。

と、あって、鶴は九皋（くねくねとまがった奥深い沢）にひっそりといても、その声は天までとどく、ということである。

あらためていうまでもないが、『詩経』の「経」というのは、織り物をつくるときのたて糸のことで、人生を織り物だと考えれば、そのたて糸は人の道、すなわち倫理、あるいは道徳にあたる。したがって経書というのは倫理書であり、『詩経』は詩によって

倫理を学ぶために編まれ、孔子はこの詩集を重要視した。

それゆえ、鶴が九皐にいる、というのは、君子はたとえ人目につかぬところで生きていても、その名声は高くなり、やがて天にとどくものだ、というふうに解して読む。

さて、その鶴をこのんだ君主が春秋時代にいた。

衛《えい》の懿《い》公

という。君子の鳥である鶴を愛したのだから、さぞや名君であろうとおもえば、まったく逆で、『史記』の「衛康叔《こうしゅく》世家」によると、

――懿公位に即《つ》き、鶴を好み、淫楽奢侈《いんらくしゃし》なり。

というこまった君主であった。

懿公については『春秋左氏伝』のほうがはるかにくわしい。懿公はなんと鶴に爵位《しゃくい》をあたえ、大夫《たいふ》(小領主)が乗る馬車とおなじ馬車に乗せた。

衛の北方に強力な異民族がおり、かれらに攻められたとき、衛の国民はくちぐちに君主を非難した。

「鶴が貴族になっているのなら、鶴に戦わせればいい。われわれはごめんだ」

と、いって、衛の国民は戦意をうしなったので、衛は異民族に大敗して、いったん滅亡してしまった。懿公も死んだのである。かれは鶴をこのんで汚名が天にとどいた人である。

うずもれた王

歴史というものには、かならず不公平がある。人のいとなみそれ自体が不公平をそなえているからであろう。

中国の古代についていえば、司馬遷の『史記』をぬきにして語ることはできない。だが、『史記』の記述が古代の実相のすべてにおよんでいるとはいいきれない。

たとえば『史記』のなかの「夏本紀《か》」につぎのような文がある。

「夏后《かこう》帝啓崩ず。子、帝太康《たいこう》立つ。帝太康国を失う。（中略）太康崩ず。弟、中康立つ。（中略）中康崩ず。子、帝相《しょう》立つ。帝相崩ず。子、帝少康立つ」

夏后帝啓は、夏王朝をひらいた禹《う》王の子である。より正確にいえば、禹王は臣下に王位をあたえて亡《な》くなったから、王位をその臣下からとりかえして子につたえた帝啓が、夏王朝の開祖である。その後、帝太康、帝中康、帝相、帝少康と夏王がつづいたというわけである。

そのまま読むと順調に王位継承がおこなわれたようであるが、帝太康が国を失った、という記述に注目してもらいたい。国を失って、どうして王朝がつづいたのか、と当然ふしぎにおもわなくてはならない。

この部分をおぎなう資料として『春秋左氏伝』と『竹書紀年《ちくしょきねん》』(古本と今本)がある。

そのふたつをあわせて読むと、帝太康は后羿《こうげい》とよばれる君主に、夏王朝の本拠である斟鄩《しんじん》という地をあけわたした。が、太康の弟の中康は斟鄩で即位しているから、この王は后羿と組んで兄を殺すか放逐したか、あるいは后羿の力に屈して、后羿の意のままになる王として即位させられたか。中康の嫡子は、斟鄩を脱出して、商という地で、父の死をきくと王位に即《つ》いていることを考えると、后羿の力がいかに強く、夏王はその圧力に屈しかけていることが想像できる。

さて、ここにひとりの陰の実力者が登場する。寒浞《かんさく》という。この男は后羿の臣であるが、策謀をめぐらして、主君の后羿を殺し、さらに帝相を商から迎えて勤王ぶりをみせておき、自分の子の澆《ぎょう》をつかって、斟鄩を攻めさせ、帝相を殺害した。

この時点で寒浞は王位に即いたはずなのである。寒浞はおそらく帝相の子をみな殺しにした。しかし、わずかなぬかりがあった。帝相の妃の后緡《こうびん》の腹に子があることを気づかなかった。けっきょく寒浞は帝相の遺子(帝少康)に攻め滅ぼされる。それまで寒浞の王朝はつづいたはずであり、その長さは『竹書紀年』(今本)によってかぞえてみると、四十年である。

その四十年の王朝は『史記』にまったくあらわれていない。寒浞は司馬遷によって抹殺された王である。

謎《なぞ》の西周

中国の古代のなかで、西周王朝期はわかりにくく、謎が多い。

これまでくりかえし述べてきたように、周王朝は、西周と東周とよばれる区分があり、西周王朝期は周王の威権が諸侯をうわまわっており、王はみずから天下の運営にあたっていたと想像すればよい。

その周王は、武王からはじまる。成王、康王、昭王とつづき、穆《ぼく》王にいたる。穆王は五代目の周王であり、周王朝は十二代目の幽王で西周期がおわるので、穆王は中期の王ということになる。では穆王は西暦の何年ころの人であるかといえば、それすらはっきりしないところが、西周期のわかりにくさである。諸説をながめてみて、だいたい西暦の紀元前一〇〇〇年前後に即位した王というしかない。この王の在位期間も一定していない。五十五年説が多いということはいえるが、この種の説は多数によって決するものではあるまい。

司馬遷は五十五年説である。さらにはっきりいっているのは、穆王が王位に即《つ》いたときすでに五十歳であった、ということである。

「周本紀」にはそれが明記されているほかに、穆王がふたつの大きなことをおこなったことも記されている。

ひとつは、犬戎《けんじゅう》を征伐したことであり、ほかのひとつは、刑罰の法をつくらせたことである。犬戎は西方の異民族のことである。その征伐はなかば成功し、なかば失敗したような書きかたを司馬遷はしている。

その征伐というのは大遠征であったのであろう。『史記』のなかの「趙世家《ちょうせいか》」には、

穆王が造父《ぞうほ》という馬をあつかう名人を気にいって、かれを馬車の御者にして、

――西に巡狩《じゅんしゅ》し、西王母《せいおうぼ》を見る。之《これ》を楽しみて、帰るを忘る。

という伝説を載せている。穆王は西方をめぐり、ついに崑崙《こんろん》の丘にいたり、そこにすむ仙女である西王母に会った。西王母と楽しみ遊んでいるうちに、帰るのを忘れてしまった、というのである。

これは犬戎征伐をうらがえしにした話のようにおもわれる。その証拠に、

――徐《じょ》の偃《えん》王反す。

という不吉な事件が、その直後に書かれている。つまり王軍が西方に滞陣しているあいだに、徐の偃王とよばれる東南方の覇王《はおう》が叛乱《はんらん》をおこしたというのが事実に近いであろう。

造父の馬車は一日に千里を走り、穆王は偃王を破ったのであるが、この偃王も謎の人物である。徐はかならずしもいまの徐州市とはかぎらず、もっと北方にも徐とよばれる

地があるから、もしかすると、偃は奄や燕に通ずるので、燕の君主の先祖にあたる、召《しよう》公奭《こうせき》の子孫のうちに、巨大な勢力をもつ者が出現したのかもしれない。

西周期の解明には巨大な頭脳の出現がまたれる。

鳥占い

中国の古代の人々は、天から降りてくるものに敏感であった。風や鳥を神聖化した。たとえば『史記』の「殷本紀《まつ》」に、商王朝の中興の祖といわれる高宗武丁が、商王朝をひらいた成湯《せいとう》（湯王）を祀っていると、雉《きじ》が飛んできて、祭器の鼎《かなえ》の耳にとまったという記述がある。つづいて『史記』は、

――武丁懼《おそ》る。

と、書いている。

雉は野にいる鳥であるから、その鳥が始祖の廟《びょう》に飛び込んできたことは、このあたりも野に変ずるきざしではないか、と武丁は不吉を感じたということであろう。

古代の占いの種類に、鳥占い、というものがあったにちがいない。だが、それがどのようなものであったのかは、よくわからない。そんなときに古代ローマについて書かれたものを参考にすると、おもしろい。

たとえばロムルスである。ローマはこの人の名からとられたといわれる。『プルタルク英雄伝』（岩波文庫）を読むと、その誕生は驚嘆すべきものである。

タルケティウスという王がいた。その王の家のかまどに男根が生えたというのである。

処女をその男根とまじわらせるようにという神託があったので、王は娘にそれを命じたが、娘はいやがって、ひそかに侍女をつかわした。侍女は男根とまじわって、双子を産んだ。この双子がロムルスとレムスである。

王はその事実を知って、双子を殺させようとした。が、殺害を命じられた男は、双子を抱いて川のほとりにおきざりにした。すると牝《めす》の狼《おおかみ》があらわれて乳房をふくませ、いろいろな鳥が食べ物をはこんできた。成長した二人はタルケティウスを襲って殺した。狼がローマの象徴になったのは、そのことがあったからである。

鳥占いがあるのは、そのつぎである。

ロムルスとレムスは、新都市を建設することにした。その場所をめぐってこの兄弟に不和が生じた。ロムルスはパラーティーヌムの丘を、といい、レムスはアウェンティーヌスの丘を、といってゆずらない。そこで、それぞれが丘にのぼり、多く鳥をみたほうが勝ちときめた。

ロムルスが十二羽をみたのにたいしてレムスがみたのは六羽であった。

ロムルスの勝ちであった。

中国にもさまざまな鳥占いがあったはずなのである。それが後世につたわっていないので、ローマの伝説から類推するほかないのである。

父と亜父《あふ》

信長の助力によって京都に帰ることのできた将軍・足利義昭《あしかがよしあき》は、そのとき信長に大いに感謝して、信長のことを、

「亜父」

と、よんだようなことを、どこかで読んだおぼえがあるので、念のため太田牛一の『信長公記』をみると、そこのところは、

——御父織田弾正忠殿

と、あり、亜父ではなかった。

亜は「つぐ」と訓《よ》む。亜父は父のつぎに尊い人ということになろうが、足利義昭は、御父、といったのだから、信長を父そのものに考えていたことになる。よほどうれしかったのであろう。

わたしは『史記』に登場する亜父と勘ちがいしたのかもしれない。

その亜父とは「項羽本紀《こううほんぎ》」に異彩をはなつ范増《はんぞう》のことである。

范増は南方の居鄛《きょそう》の出身で、七十歳になるまでだれにも仕えずに、家でひっそり暮らしていた。ところが秦の始皇帝が死んだあと、天地がひっくりかえるほどの大乱がおき、

つぎの時代を指導してゆくのが、どうやら項梁《こうりよう》という男だとみきわめると、家をでて、北へむかい、薛《せつ》というところで諸将をうごかしている項梁に会いにいった。そのときの献策が項梁に容《い》れられて、楚軍に属することになる。

だが項梁はすぐに戦死し、楚軍を率いることになったのが、項梁の甥《おい》で若い項羽であった。范増は項羽に仕え、奇計をもってかれの覇業《はぎよう》をたすけた。

亜父、の語があらわれるのは、鴻門《こうもん》の会、を描写するところである。

——亜父は南に嚮《むか》って坐《ざ》す。

とあるから、范増がもっとも尊い席についていたことになる。南に面してすわるのが天子であれば、北に面してすわるのが臣下である。日本にあった「北面の武士」の北面は、そこからきている。

さて、范増は項羽のために尽力したが、項羽の最大の敵となった劉邦《りゆうほう》は、謀臣の陳平《ちんぺい》の計をもちい、項羽に范増を疑わせた。そのため怒った范増は項羽と袂《たもと》をわかち、帰国する途中で悪性のはれ物が背中にできて死んだ。項羽は范増をしりぞけたことで、十中八九手中におさめた天下をうしなった。

そうおもうと、信長を父とよんだ義昭もけっきょく天下の主になれなかったのだから、他人を父や亜父とよぶのは、よほど用心しなければならぬということであろう。

湯《とう》王の雨ごい

三河武士の典型というべき大久保彦左衛門忠教《ただたか》が書いた『三河物語』を読んでいたとき、おもわず微苦笑したことがあった。

なんとそこに商の湯王の逸話が引かれているではないか。

その部分は家康の死を書いたあとにあり、

——昔を思ふに、大唐殷《いん》の国に、旱魃《かんばつ》する事三ケ年なり。

ではじまっている。大唐というのは唐の時代ということではなく、中国ということであろう。殷はむろん商のことである。その国で三年にわたる旱害があり、草木はことごとく枯れうせて、人民の多くが死に、鳥や獣さえ絶滅しそうであった。国主（湯王のこと）は大いになげき、雨ごいをしたが、さっぱり雨のふるけはいがない。そこで天をうらみ、

「わたしは生まれてよりいままで、禁戒を犯さず、わがままな政治をおこなってきたつもりはない。それなのに、こんなに長く日照りがつづき、人が死んでゆく。もしもわたしにあやまりがあるなら、いましめてもらいたい」

と、なげいた。が、なんの験《しるし》もない。

ついに国主はみずからの命を民のために捨てようと決意し、広い野にでて、萱《かや》を多く集め、二十丈の高さに積み上げ、大臣たちがいぶかるなかにあらわれ、その萱の上にのぼった。

「まわりに火をつけよ」

と、国主が命じたので、大臣たちは恐れまどい、火をつける者はひとりもいなかった。それをみた国主は、

「政治に芥子《けし》ほどの乱れがあれば、わしは焼け死ぬであろう。焼け死ぬ身であれば、生きていても益のない証拠である。政治にあやまりがないのなら、天がわしを守ってくれるにちがいない」

と、宣《の》べ、大臣たちをしかった。やむなく大臣たちは火をつけたのである。炎が山のごとくあがり、空にみち、国主は煙にむせんだ。火が国主の衣についた。国主は目をとじ、合掌し、念仏を十回となえ、

「火坑変成池《かきょうへんじょうち》」

すなわち火の坑《あな》が変じて池になる、と強く念じた。すると大雨がにわかに降って猛火を消し、国主はたすかり、人民も命をつないだという。

戦国末期の書である『呂氏春秋《りょししゅんじゅう》』には、商王朝がひらかれると五年にわたる旱害があったと書かれているが、惜しいことに『史記』にはその記述がない。また中国に仏教が

はいったのは後漢王朝期であるから、湯王が念仏をとなえるはずはなく、のちに仏教説話にかたちをかえて日本にとどいたのであろう。

彦左衛門は徳川の将軍に湯王のごとき為政者になってもらいたいと願ったのであろう。

空前絶後の道

兵をはやく目的の地点に着かせるためには、まっすぐで幅のひろい道路があれば、便利である。

兵車（戦車）が軍の主力であった春秋時代、軍がすすむときには、工作兵が先行して、道を拓《ひら》いた。川があれば橋を架けた。たとえば五万の軍がいれば、二万は工作兵である。いや、その二万には輜重《しちょう》（軍事物資の輸送）の兵もふくまれるから、非戦闘兵であるといったほうがよいかもしれない。

その春秋時代につづく戦国時代の中期に、趙《ちょう》の武《ぶ》霊《れい》王が北方の異民族との戦争では兵車がさほど有効でないことを認識し、直接に馬に乗ることを指導した。このあたりから戦いかたがさまがわりしたにちがいなく、騎兵と歩兵が軍の主力となったから、工作兵の数が軍全体でどのような比率になったのかはわからないが、とにかく変化はあったであろう。

が、兵車がなくなったわけではない。なんといっても、平原では兵車は威力を発揮する。

中国が秦の始皇帝に統一されたあと、国内における戦争は熄《や》んだが、北方の異民族の侵入をふせぐ戦いは残っていた。

始皇帝は北境で異変があったとき、すぐに大軍をそちらにむかわせることを考え、軍事用の直進道路の建設をおもいたった。

かれは土木建築にその嗜好《しこう》のすべてがあるといってよいほど、狂ったように宮殿を増産したが、ここでもその情熱が道路にそそがれた。

「数十乗の兵車がよこにならんで直進できる道をつくれ」

と、命じた。

これはすさまじい。現代におきかえると、四、五十台のタンク（戦車）がよこ一列にならんだ幅の道路をおもえばよいであろう。実際に、始皇帝はそれをつくらせたのである。約百六十メートルの幅をもつ道路が、北にむかってのびた。

『史記』にその記事をもとめると、こうである。

――道を除《はら》い、九原《きゅうげん》より雲陽《うんよう》に抵《いた》る。山を塹《ほ》り谷を堙《うず》め、直《ちょく》にこれを通《つう》ず。

九原は九原郡のことであり、最北の郡である。雲陽は首都の咸陽《かんよう》に近い。九原から雲陽まで地図上の直線距離でも六百キロをこえている。

空前絶後の高速道路であるといってよいであろう。つくったのは武将の蒙恬《もうてん》である。

この道路はいまは埋没してあとかたもないようであるが、数十キロ程度はのこっていると雑誌で読んだことがある。秦帝国がついえたら、道も消えたということであろう。道はその時代の血管かもしれない。

大臣の家

春秋時代の建築物がどのようなものであったか、明確にはわかっていないが、およそのことはわかっている。

貴族は上級が君主および卿《けい》とよばれる大臣で、中級が大夫《たいふ》とよばれる小領主で、下級が士とよばれる土地を所有しない者たちであった。大夫にも上・中・下があったが、中大夫の家が標準の貴族の家だとすれば、そこには「塾」「院」「堂」などと、日本でもなじみのある名称がそろっている。

塾というのは、門の左右にある家のことである。院というのは、垣根をめぐらした家をいい、そのなかに堂とよばれる座敷がある。室と堂とは厳密にはちがい、室が奥座敷であり、堂が表座敷である。堂のなかでもっとも広いものを中堂《ちゅうどう》という。ついでにいえば、中堂は左右（東西）に小さな堂をもっており、へだてている壁のことを序《じょ》といった。

それがふつうの貴族の屋敷だとすれば、上級貴族の屋敷はどうであったろうか。君主が住んでいる宮殿にはみはらしのよい望楼があった。が、それは公宮だけではなく、大臣の家にもあったことがわかる。

たとえば斉《せい》の荘公という君主は宰相の崔杼《さいちょ》の家をたずねたときに暗殺される。そこの

ところを『史記』の「斉太公世家」は、

——公、台に登りて解かんと請《こ》う。

と、描写している。崔杼の兵に追われた荘公は、台にのぼった。台というのが望楼である。解かんと請う、というのは和解を求めたのである。

ほかに、大臣の家には地下室があったことがわかる。その記述を『春秋左氏伝』に求めると、こうである。

——鄭《てい》の伯有《はくゆう》、酒を耆《この》み、窟室《くつしつ》を為《つく》りて、夜、酒を飲み鐘を撃つ。

その窟室というのが地下室である。

夜、はじまった宴会は、朝までつづいた。出勤してきた臣下が、

「ご主君はどこにおられるのか」

と、きいた。すると奥むきの役人が、

「谷底におられる」

と、こたえたのであるから、その地下室はずいぶん深く掘られたものにちがいない。春秋時代は掘鑿《くっさく》の道具に鉄器をもっていないので、それだけの深さと広さを地中につくったのは、たいへんな作業であったろう。

主君が朝になっても地中で酒と音楽を楽しんでいると知った臣下はちりぢりに帰ってしまった。そのうちにこの大臣は追放され、兵を率いて帰国したが、殺された。

子を産む杖《つえ》

中国の古代の人々は「うつ」とか「たたく」という行為に呪力《じゅりょく》を感じていたようである。

その行為でもっともすさまじいのは伍子胥《ごししょ》の復讐《ふくしゅう》である。

伍子胥の父は楚の太子の養育官であった。が、かれを補佐している者に中傷され、それを信じた平王に殺された。伍子胥の兄も平王に殺されたので、伍子胥は呉へ逃げ、呉王・闔廬《こうりょ》の謀臣となり、呉によって楚を攻めつぶそうとした。

呉の兵が楚の首都に攻めこんだとき、伍子胥は王の墓地へ行った。平王はすでに亡《な》くなっていたのである。そこで伍子胥は、

――平王の尸《しかばね》を鞭《むち》うつ。(『史記』「呉太伯世家」)

ということをした。怨《うら》みの深さがそれからでもわかるが、屍体《したい》をたたくことで、平王の霊魂をよびさまそうとした行為であろう。伍子胥にすればその霊魂をもはずかしめたかったのにちがいない。

ほかにも周の武王の例がある。武王が商の紂《ちゅう》王に勝ったあと、自殺した紂王の屍体に、

――射ること三発、剣をもって撃つ。(『史記』「周本紀」)

ということをした。屍体にむかって矢を三回射てから剣でうったのである。斬《き》ったのではない。黄金の鉞《まさかり》で首を斬ったという記述がそのあとにつづく。矢はけがれをはらうときにつかう。おそらく剣もそのためにつかったのであろう。

ところで商はのちに殷とよばれるが、殷は、妊婦を殳《しゅ》（棒）でたたくというのが原義である。この行為は妊婦をはずかしめるとか、けがれをはらうとはちがうであろう。たたくことによって祝ったのではないか。

それについて『貞丈雑記』（平凡社・東洋文庫）の「正月十五日かゆ杖の事」という記事をおもいだした。『貞丈雑記』は江戸時代の後期に刊行された日本の故実の解説書である。

じつは清少納言の『枕草子《まくらのそうし》』にかゆの木（かゆ杖）のことが書かれているので、この本にも引用されているが、要するに、正月十五日にかゆに餅《もち》をいれる節供《せつく》があり、そのとき杖を用意して、女房たちがたたきあうのである。そのときの杖をかゆ杖という。『貞丈雑記』には、その杖で女の肩をうつと、子を産むとある。

古代の殷の風習が、あるいは、こんなところに、かたちをかえてつたわったのではあるまいか。

謎《なぞ》に包まれた劉邦《りゅうほう》

漢王朝をひらいた劉邦にはわからないことが多い。

まず、生年がわからない。『史記』には年齢のことがどこにも書かれていないのである。司馬遷は漢王朝の臣であるが、高祖・劉邦の年齢を記してはいけないという禁忌があって、その記述をさけたわけではあるまい。そのような禁忌があったとはおもわれないから、要するにわからなかったのであろう。

そのあいまいさにくらべて項羽《こうう》の年齢は「項羽本紀」の冒頭に記されていてあざやかである。項羽が季父《おじ》の項梁《こうりょう》とともに挙兵したとき、項羽は二十四歳であった。すると項羽は秦の始皇帝の十五年（紀元前二三二年）生まれで、かれが垓下《がいか》の戦いで劉邦に敗れて、死んだのは漢の高帝五年（紀元前二〇二年）であるから、三十一歳が歿年《ぼつねん》である。ただし満年齢のかぞえかたではない。

劉邦に話をもどすと、劉邦の生年については、二説あるという。一説は紀元前二五六年生まれであり、ほかの説は紀元前二四七年に生年をおくものである。その二説の根拠をしらべたことはないが、推定であるから、根拠はないにひとしいので、しらべる気にはならない。とにかく両者の説から九歳の差がでる。劉邦は紀元前一九五年の四月に亡《な》くなっている。すると、五十三歳か六十二歳が歿年ということになるのである。

劉邦の家族についても不明なことがすくなくない。

両親の名がわからない。

――父を太公といい、母を劉媼《りゅうおう》という。

「高祖本紀」にはそうあるが、太公というのは劉邦が皇帝になってからの尊称である。劉媼の媼は、ばあさん、というのとおなじで、あるいはこれは司馬遷のユーモアなのかもしれない。

さらにわからないのは、劉邦の兄弟である。劉邦のあざなは季《き》であるから四人兄弟の末と考えられるが、三男をあらわす叔《しゅく》のあざなをもつ兄の存在がみあたらない。また『史記』には突然、交《こう》という弟の名があらわれ、劉邦はその弟を楚《そ》王に任命する。すると五人兄弟であったのか。

劉邦の親戚《しんせき》については「荊燕《けいえん》世家」が設けられており、そこには劉賈《りゅうか》と劉沢《りゅうたく》という二人の王が登場する。この二人について司馬遷はさじをなげた感じで、

「不知《しらず》」

と、書いている。出身がまったくわからないが、とにかく劉邦の一族の遠縁にあたる者であろうということである。

それらのことをまとめてみると、いかに劉邦が卑賤《ひせん》の出であったか、ということである。

古代中国の気象

中国古代の気象を考えるうえで、『史記』や『春秋左氏伝』は多少の参考になる。

たとえば『史記』の「晋世家」をみると、晋の文公の二年の春に、隣国の秦は黄河のほとりに出陣している。おなじ文公の五年の春に、文公は曹《そう》という国を伐《う》とうとして出陣した。さらに文公の子の襄《じょう》公元年に、秦はやはり春に鄭《てい》を伐とうとして軍をだした。

秦と晋は中国全体からみると、西北に位置する国で、その二国が軍をだすのは、春が多い。それはなにを意味しているかといえば、冬のあいだは降雪により軍をうごかせないということであろう。それにひきかえ、南方の楚の国は、冬に軍をだしている。

黄河より南は、かなり寒くても、雪は降らず、雨になったようなのである。そのことは『春秋左氏伝』で、楚軍が黄河の南岸にある鄭を攻めたあと、大雨にあってそうとうな数の凍死者をだしたという記述があることからもわかる。雪とは書かれていない。

古代には雪という字がなく、すべて雨という字で表現されたと想像したくなるほど、古代の人々は雪について意識がうすい。だが、雪は甲骨文字にその原形があるから、新しくつくった字でもない。

それはさておき、どうやら春秋時代には雨期と乾期が一年のなかにあったようなのである。雨期に軍をだすと、洪水にあって、溺死者《できししゃ》をだすので、けっきょく夏のあいだも戦争をさけたかったのであろう。

春秋時代よりさらに古い商王朝の時代の気候や天候がどうであったのか。小説を書くうえでしらべてみる必要があり、それに関する研究書を読んだのは、もう十四年前になるが、最近、末次信行氏の『殷代気象卜辞《ぼくじ》の研究』（玄文社）を読んだ。これがなかなかおもしろい。

水不足をおそれた月を甲骨文から読みとり、分類整理している。

水不足はすなわち旱害《かんがい》ということであり、それについて卜《うらな》っているのは、一、二、三月が多い。

なぜ冬に旱害をおそれ、夏にはおそれないのか。そのこたえはこうである。夏には降りすぎるほど雨が降るので、卜う必要がない。冬に雨が降らないと冬作物に被害がでる。その冬作物とは麦のことで、商王朝の関心の中心に麦があったということなのである。

よくぞ商王朝の人々は甲骨文をのこしてくれたものだ、とあらためて感心せざるをえない。

諸葛孔明《しょかつこうめい》の『史記』

陳寿《ちんじゅ》の著した正史の『三国志』のなかで「蜀書《しょく》」にふくまれる「諸葛亮伝」を読むと、おもしろいことに気づく。むろん諸葛亮とは諸葛孔明のことである。かれが錐《きり》を立てるほどの領地ももっていなかった劉備《りゅうび》をたすけ、中国の三分の一を所有させた名宰相であることはいうまでもない。

この伝記に登場する古代の人名をならべてみる。ただし注に登場する人名はのぞいた。

管仲《かんちゅう》（春秋の人）
楽毅《がっき》（戦国の人）
申生《しんせい》（春秋の人）
重耳《ちょうじ》（春秋の人）
田横《でんおう》（前漢の人）
呉漢《ごかん》（後漢の人）
耿弇《こうえん》（後漢の人）
耿純《こうじゅん》（後漢の人）

伊尹《いいん》（商の人）
周公《しゅうこう》（周の人）

本文のさいごにある陳寿の奏上文をのぞけば以上である。

中国の歴史は長いので、古代といっても、どこまでが古代か、と首をひねらざるをえないが、先秦といって、秦の始皇帝が出現する前の歴史が、それにあたるとすれば、田横、呉漢、耿弇、耿純は古代の人ではないということになる。かれらをのぞいて、あらためて人名をみると、すべてが司馬遷の『史記』に、かくべつな鮮烈さをもって記されている人々ばかりである。

そのうち古代人の管仲から重耳までの四人は諸葛孔明の口からでた人名であり、伊尹と周公の名は、亡くなった孔明を、劉備の子の劉禅《りゅうぜん》が追悼したときにあらわれ、孔明をそれらの名宰相になぞらえた。しかしながら、若いころの孔明自身は、未来のおのれの姿を管仲や楽毅にみていた。

ところが管仲と楽毅は、いずれも君主をかえている者である。かれらに共通している運命は、名君によって抜擢《ばってき》され、一国の高位にのぼったということである。その二人が大いにちがうところは、管仲は大功をたてるたびに、ますます君主に尊重されたのに、楽毅の場合は、かえって君主にうとまれ、ついに他国へ去ることになったということである。

また、申生についていえば、かれは太子として生まれ、父につくしたが、継母に憎まれ自殺させられた。それでも父を怨まなかった孝子である。重耳は申生の弟で、継母の魔手からのがれ、他国をさすらったのちに帰国して、自国を栄えさせた名君である。田横はおのれの節義をつらぬき、ついに劉邦《りゅうほう》に屈しなかった人である。

そうみてくると、孔明は、かたちとしてあらわれた運命より、おのれの生涯を首尾一貫させる節義の尊さを『史記』から学んだといえよう。

諸葛孔明

宮廷料理人

『呂氏春秋《りよししゆんじゆう》』につぎのような皮肉な一文がある。

——庖人《ほうじん》は調和すれども敢《あ》えて食わず、故《ゆえ》に以《もつ》て庖と為《な》すべし。


庖人は料理人のことである。調和は調理のことである。訳してみると、

「料理人は調理をするが、自分では食べない。それゆえに料理人でいることができる」

と、なる。それが真実であるとすると、さしずめわたしは、小説を書きはするが、自分の小説を読まないでいるがゆえに、作家であることができるといえよう。


それはさておき、中国の古代では料理人の存在を無視できない。というのは、王侯貴族の家における祭祀《さいし》にかならず料理人がかかわるからである。宰相の宰は建物のしたに包丁があるかたちであることから、神にささげる料理をつくるのが宰相の役目であったといえよう。かれは専属の料理人ではなく、祭祀官として肉などに刃物をくわえるだけであったかもしれないが、ほんとうの料理人が宰相の位にのぼった例としては、伊尹《いいん》がもっとも有名である。かれの事績については『史記』の「殷本紀」に、

「伊尹は湯《とう》王につかえようとしたが、つてがなかった。かれは背に鼎《かなえ》と俎《まないた》を負って、おいしい料理をつくって湯王に近づき、自説を述べて、ついに王道をなしとげた」

という意味の文がある。

伊尹については小説にしたので、司馬遷の記述がすべてではないとおもっているが、およその像はそれである。

おもしろい、とおもったのは、弘法大師（空海）がさる大臣にだした手紙のなかに、

——伊霍《かく》にして物を済《すく》うを心とし。

という表現があることである。伊は伊尹、霍は霍光（前漢王朝期の大将軍）である。このふたりには生きているものを救済する心があった、といっている。宰相といえば、まず伊尹がおもいうかぶのが、中国的である。

さて、春秋時代になると、斉の国に易牙《えきが》という料理の名人が登場する。『淮南子《えなんじ》』によると、かれは、ふたつの川の水をまぜられても、なめわけることができた。それほどの料理の腕と舌をもっているがゆえに、君主に寵愛《ちょうあい》され、そのため悪心をおこし、乱がついえて滅んだ。かれにとって国政を俎のうえにのせるには素材がたりなかったといえる。その素材は仁徳によって集まることに気がつかなかった。伊尹との大きなちがいはそこにある。

水底の王

武王からはじまった西周王朝期をながめわたしてみると、安定という時期がみあたらない。

武王は革命を成功させたが、倒された側の商（殷）の民は反撃の機会をうかがっているというありさまで、武王が急死すると、それを絶好の機として反動勢力が立った。武王の子の成王は、召公奭《せき》や太公望などの賢臣にささえられ、なんとか危難をしのぎ、王朝を存続させたが、なお各地に不穏さがのこっていた。

成王の子の康王の代に、王朝は一安を得た。それを安定とよんでよいかは疑問であるが、とにかく康王の時代だけは平穏無事であったと『史記』の「周本紀」からは読みとれる。

康王の子が昭王である。

この王について司馬遷の記述を引くと、およそこうなる。

「康王が亡《な》くなった。子の昭王瑕《か》が立った。王道がすこし衰えた。昭王は南に巡狩《じゅんしゅ》して返らなかった。長江で亡くなった」

司馬遷はよく突き放したような書きかたをする。なぜ昭王が長江で死んだか、一言の補足もない。また、その記述にはうそがあるであろう。

巡狩というのは、天下がうまくおさまっているときに、天子が地方を巡って、民の生活を視察し、悪人がいれば匡《ただ》し、善人がいれば表彰する旅行である。が、昭王のそれは、おだやかな巡狩ではなく、けわしい南征であろう。

西周期の中国というのは、南は長江までとおもったほうがよく、長江を渡って軍を南下させる理由はないようにおもわれる。したがってその川は長江ではなく、『呂氏春秋』や『帝王世紀』のいう漢水と考えたほうがむりがない。漢水の上流は王都に近い。推量としては、漢水の南に、のちに楚とよばれる民族が猛威をふるっていたのであろう。それを昭王が鎮《しず》めようとした。

だが、昭王は水中に沈んだ。

昭王が漢水を渡るとき、その南征をにくむ土地の者が、にかわではりつけた船をさしだした。昭王はそれに気づかずに乗船した。船が川のなかほどにさしかかると、にかわがとけて、昭王は水中に没して亡くなった、と『帝王世紀』はいう。

ところが『呂氏春秋』では、川を渡ろうとした昭王は、橋がこわれて水中になげだされたが、臣下の辛余靡《しんよび》という勇者に助けられて、帰国したことになっている。

いずれにせよ、昭王が水中にはいったことはまちがいない。昭王は軍を率いて楚軍と水上で戦い、敗死して水底に沈んだというのが事実であるようにおもわれるのだが、どうであろう。

これ義人なり

江戸時代の大儒である室鳩巣《むろきゆうそう》が金沢にいたとき、赤穂《あこう》の遺臣たちが吉良上野介《きらこうずけのすけ》の屋敷に討ち入り、首尾よく上野介を討ち取ったことをきいた。その事件に感動をおぼえた鳩巣は、いそぎ資料を集め、大石内蔵助《くらのすけ》が切腹した元禄《げんろく》十六年（一七〇三年）に、『赤穂義人録』を著した。これが赤穂事件に関するもっともはやい論文であり、討ち入りに参加した人々の伝記でもある。

この書物の序は、鳩巣の門人たちの会話で成り立っている。門人のひとりである谷勉善（小谷継成）は資料集めを大いにてつだった人であるが、序のなかで、

「むかし中国の孤竹《こちく》国の君主に三人の子があり、そのうちの二人の子は、周の武王が商の紂《ちゅう》王を伐《う》とうとしたとき、臣が主を伐つのはよくないといって、身をもって武王をいさめた。このたび赤穂の諸士が、幕府が吉良義央《よしひさ》（上野介）を赦《ゆる》したことをよくないとおもい、集団で仇《あだ》を討った。孤竹の二子は仁をもとめて仁をえた。赤穂の諸士は生をすてて義をえた。事の大小はおなじではないが、君臣の義を重んじているところは、ひとつである。二子に非難された武王は、こののちその聖徳をそこなうことがなかった。室

先生が赤穂の諸士を義人であると称《ほ》めたとしても、国家が盛んになるさまたげになろうか。すなわち、孤竹の二子を義としても、武王を非とすることにはならなかったように、赤穂の諸士を義としても、幕府を非とすることにはならない」

と、述べている。

のちに赤穂の諸士は「義士」とよばれることが多くなったが、その義は鳩巣の「義人」から発しているとみてさしつかえあるまい。

もっといえば義人というのは、『史記』の「伯夷《はくい》列伝」から発している。

孤竹の二子というのは、伯夷と叔斉《しゆくせい》のことであり、かれらは武王の馬をおさえて武王の不仁をさけんだので、兵によって殺されそうになった。そこを軍師の太公望が、

――これ義人なり。

と、いってたすけたのである。わたし個人の見解としては、伯夷と叔斉は山岳民族（狩猟民族）の指導者の子であるから、この二人を殺すと、山岳民族を敵にまわし、革命がやりにくくなると太公望がとっさに判断したと考えている。

仁が絶対の自己を完成させる原理であるのにたいして、義は社会人としての自己を確立させる原理である。そのため仁と義はきりはなせないといったのは、孟子より墨子のほうがさきである。それはさておいて、『史記』は日本人の思想にもさまざまな光と影をおとしている。

鳥の陣形

中国の古代に大決戦、あるいは大会戦とよばれるものがあった。が、そのとき、両軍がどのような陣形をとったのか、さだかではない。

もっとも古い大決戦は、伝説のなかの黄帝と炎帝とが争った「阪泉《はんせん》の野の戦い」であろう。これは『史記』の「五帝本紀」に、

——三たび戦う。

と、書かれているから、大会戦といったほうがよいが、そのとき黄帝は熊《くま》や虎《とら》なども戦場に放って敵を襲わせて、勝った。が、陣形のことはわからない。

つぎの歴史的な決戦は、商の湯《とう》王が夏《か》の帝桀《けつ》を破った「鳴条《めいじょう》の戦い」である。そのときの商軍の陣形については手がかりがある。『墨子』のなかに、

——湯は車九両を以《ひき》い、鳥陣雁行《ちょうじんがんこう》す。

という一文がある。

陣は陣のことである。雁行はむろん雁が空を飛ぶ列の形である。

陣形は八つあり、それを八陣というのは、中国の戦国時代にあらわれた天才兵法家の孫臏《そんぴん》の兵法書にもみえる。日本の戦国時代にも八陣ということばはつかわれた。

魚鱗《ぎょりん》、鶴翼《かくよく》、長蛇《ちょうだ》、偃月《えんげつ》、鋒光矢《ほうこうし》、方円《ほうえん》、衡軛《こうやく》、雁行《がんこう》が、その八陣である。

鳥陣というのは、このなかにはなく、のちに鶴翼にかわったのであろうか。鶴《つる》が翼をひろげた形なのでそうよばれるが、この陣形を、周の武王が商の紂王《ちゅうおう》を破った「牧野《ぼくや》の戦い」で、周軍がもちいた可能性がある。

鶴翼の陣を好むには理由がある。商も周も鳥というものを神聖視していたから、天帝の使者としての鳥の形を、戦場であらわすことにより、天命を得ようとしたにちがいない。つまり鶴翼の陣とは、天下を制する者の陣である。

鳥陣に話をもどすが、中国の兵法書には『六韜《りくとう》』があり、そのなかに「烏雲《ううん》の陣形」というめずらしいものがある。烏《からす》や雲のように散ったかとおもえば、またたくまに集まる、無限に変化する陣形のことである。鳥陣はもしかするとこれかもしれない。

長蛇はあきらかに『孫子』という兵法書にある「常山《じょうざん》の蛇」から発想された陣形である。常山にいる蛇を撃とうとして、首を撃てば尾が襲ってくる。尾を撃てば首がくる。あいだを撃てば首と尾がそろって襲ってくる。そういう陣形をいう。

わたしは「鳴条の戦い」を小説に書くとき、商軍と戦った夏軍を魚鱗の陣であると想像した。夏王朝は魚が神であったとおもわれたからである。

子路《しろ》の冠

子路の最期《さいご》である。

冠について考えるとき、もっともあざやかにその存在をうったえてくるのが、子路の最期《さいご》である。

子路は孔子の高弟で、孔子より九歳下であった。豪毅《ごうき》な男で、およそ儒学にはにつかわしくない性情の持ち主であったが、孔子を尊敬し、その門内で上座を占めるようになった。

子路は魯《ろ》で仕官したあと衛《えい》に移り、そこで内紛にまきこまれた。国外にでていたまえの君主が帰国し、子路が仕えていた主君を脅迫したのである。そうはさせじ、と子路はかけつけ、単身で主君をまもろうとした。斬《き》りあいになった。

ひとりで多数を相手にした子路は、ついに斬られた。そのとき冠のひもが相手の剣によって断たれた。よろめき、地にたおれようとした子路は、

——君子は死すとも冠をぬがず。

と、いいはなち、冠のひもをむすんで絶命した。かれは勇壮な武人であったが、孔子の弟子として、礼を重んじて死んだのである。その伝記は『史記』の「仲尼弟子列伝《ちゅうじていしれつでん》」にある。

冠は貴族の象徴である。

庶民は頭に巾《きれ》をつけていた。

冠は、冕《べん》、弁《べん》、冠《かん》の三種類があり、冕と弁は礼式用のものである。中国の皇帝の冠には玉《ぎょく》をつらねた旒《たれ》がさがっているのをみかけるが、あれが冕である。旒の数にもきまりがあり、天子が十二本、大夫が三本である。

加冠《かかん》の儀というと、頭に冠を加えるということで、いまの成人式にあたる。

日本の成人式が二十歳でおこなわれるというのは、この加冠の儀が二十歳におこなわれたところからきていることはまちがいない。

ところが、王侯は例外で、十二歳で加冠の儀にのぞんだ。なぜ天子と各国の君主だけが十二歳で成人となるのかは、いまひとつ理由がはっきりしないが、成人にならなければ、妻をめとれないので、子孫のことを考えてそうしたのであろうか。

ただしおもしろいことに気づく。十二も二十も、満数（十）と二の組み合わせである。男はもともと陽であるとされ、その完成は陰をもってなされるという考えかたがあり、完成をあらわす十という数字と、陰をあらわす二という数字を組み合わせたようである。

ちなみに、女は陰であり、陽をもって完成すると考えられ、男の加冠の儀にあたるものは、十五歳の笄礼《けいれい》である。むろん身分のいやしい者は笄《かんざし》をさすことはできなかった。

帝舜《しゅん》と賢人たち

庶民でありながら帝位までのぼった人は、中国の歴史を通してながめてみても多くない。その最初の人が帝舜である。ちなみに二番目が漢の高祖の劉邦《りゅうほう》である。帝舜が伝説上の人であるとすれば、歴史上では劉邦が最初の人となる。

――窮蟬《きゅうぜん》より以《もっ》て帝舜に至るまで、皆微にして庶人たり。

と、『史記』の「五帝本紀」に明記されている。窮蟬は帝舜の先祖であり、かれから帝舜まで、みな微賤《びせん》で庶人であった、ということである。

ときの帝は堯《ぎょう》であった。帝堯は民間にいる舜の評判の高さをきき、どれほどの人物か、とためしてみた。その結果に満足した帝堯は、舜をひきあげ、官職をあたえ、その仕事ぶりを観察した。ふしぎな徳もあることを知って、

――この男なら。

と、決断し、帝位をゆずった。

帝位に即《つ》いた舜は、八愷《はちがい》、八元《はちげん》とよばれる十六人の賢人を登用した。その結果、家のなかはおだやかになり、世のなかはよくおさまった。『史記』はそれについて、

――内平《うちたいら》かに外成《そとな》る。

と、表現している。いうまでもなく「平成」の元号は、その「内平外成」のなかから二文字をひきだしたものである。

帝舜はほかにも賢人を適所に配した。

その賢人というのが、禹《う》、皐陶《こうよう》、契《せつ》、后稷《こうしよく》、伯夷《はくい》、虁《き》、龍《りよう》、垂《すい》、益《えき》、彭祖《ほうそ》の十人である。

ここにはたいへん興味のある名がならんでいる。

まず禹は帝舜の歿《ぼつ》後に帝位にのぼった人で、夏王朝の始祖となる。契は商（殷）の国をおこし、后稷は周の国をおこした。伯夷は山岳民族の首長で、のち「伯夷伝」でその名が再登場する。益は禹が亡《な》くなったとき、いったん帝位をあたえられた人である。

さて龍という人物に帝舜はこういっている。

「龍よ、朕《わし》は人をそしることばをやめさせたい。国民をおどろかすことばを畏忌《いき》するものである。なんじを納言《のうげん》に任命しよう。朝から夜まで、朕の命令を出入《すいにゅう》して、信をたがえてはならぬ」

この納言が、日本の納言《なごん》になったのである。むろん日本の場合は、大納言、中納言、小納言があった。要するに、天子がだした命令を下につたえ、下からのものを天子に奏上する役目である。帝舜のいう「出入」とはやはりそういうことであろう。ここでまちがいがあると、国民の信をうしなう、と帝舜は注意をあたえたのである。帝舜は文字をつくった商王朝の高祖であるといわれる。それだけにことばを大切にしたのであろう。

国号の変更

国号がかわるということがある。

たとえば『史記』の「晋世家」にこういう文がある。

――叔虞《しゅくぐ》を唐に封《ほう》ず。唐は河汾《かふん》の東に在り。方百里。故《ゆえ》に唐叔虞という。姓は姫《き》氏、字《あざな》は子于《しう》。唐叔の子の燮《しょう》、これを晋侯と為《な》す。

周の成王の弟に叔虞とよばれる王子がいた。この王子は唐というところに領地をあたえられた。唐は黄河と汾水の東にあった。百里平方の国である。それゆえ叔虞は唐叔虞とよばれた。姓は姫で、あざなは子于である。唐叔虞の子は燮といい、この人が晋侯となった。

つまり晋はその君の二代目からの国号で、初代のときは唐であったのである。

どうしてそうなのか、と晋について小説を書こうときめていたわたしは、おそらく十数年間考えつづけた。そのあいださまざまな考えが浮かんだ。

叔虞が唐にゆき、そこで国を治めたが、叛乱《はんらん》がおきて、叔虞は殺されたのではないか。叛乱側の首領が燮で、周王朝が武力で鎮《しず》めにこないという条件を呑《の》んで、入朝することにした。そこで唐という国号は廃され、晋となった。すると燮は叔虞の子ではなく、異民族の族長ということになる。

そういう考えが浮かんだのも、晋が周王室のわかれであるにしては、同姓の国を滅ぼしすぎたからである。

春秋時代を通してみて、おなじ姓の国が争うというのは、多くない。そのほとんどに晋がかかわっている。

晋の南に、虞、虢《かく》という姫姓の国があったが、晋はなさけ容赦なく滅ぼしている。

——晋はほんとうに姫姓だろうか。

と、疑わざるをえない。

しかし小説を書きはじめたとき、やはり晋を姫姓の国にした。叔虞が治めていた国は異民族の攻勢によって遷都《せんと》せざるをえなくなった。遷都ののちに国号をあらためたにちがいないと考えるようになったからである。

これも確証があってのことではない。金文の史料は晋についてはとぼしいのである。

ちなみに遣唐使などで日本になじみのある唐王朝の唐は、唐叔虞の唐に由来している。

国号の変更は楚にもある。『春秋経』の「荘公二十八年」には荊《けい》とあるのに、七年後の「僖《き》公元年」には楚になっている。楚の前身は荊であるのだが、なぜここから楚になったのか。中国の古代史には、解明すべきことが山積しているのである。

数の単位

高校時代にはじめて紀貫之《きのつらゆき》の『土佐日記』を読んだ。そのとき奇異に感じたのは、日付の読みかたであった。都に帰る貫之が土佐を出発したのは、承平《じょうへい》四年（九三四年）十二月二十一日である。そのことをかれは、

――それの年の十二月の二十日あまり一日の日の、戌《いぬ》の時に門出《かどで》す。

と、『土佐日記』の冒頭に書いている。二十一日のことを二十日あまり一日となぜ書くのか、その疑問はさほど深刻ではなかったが、妙によくおぼえていた。

中国の古典を読むようになると、いままで疑問におもってきたことが、ずいぶん解消されたようにおもう。

たとえば十二月は十有二月と書かれる、あるいは十又《ゆう》二月と書かれる。この有と又は、さきの「あまり」とおなじニュアンスをもっているが、「あまり」を余という漢字におきかえてみると、語の意味はかけはなれている。余は食べあきることであり、食べのこしのことでもある。一方、又は右手のことであり、有は右手が肉をもっていることである。つまり又も有も右手でもつということなのである。それらのことについては白川静博士の『字統』などにくわしく書かれている。

数の単位である億について、おどろいたおぼえがある。『史記』でいうと「周本紀」のなかに、周の武王が商（殷）の紂《ちゅう》王を討つために、黄河を渡ろうとするのだが、そのとき孟津《もうしん》というみなとに集まった諸侯に語りかけるところがある。司馬遷は武王のことばを割愛したらしい。『書経』によっておぎなってみると、こういう文がみつかる。

——受《じゅ》（紂王）の臣億万有るも、惟《こ》れ億万の心。予《われ》、臣三千有りて、惟れ一心。

ふつうに読めば、受王、すなわち紂王の臣は億万人いても、それぞれがばらばらで億万の心である。それにひきかえ、わたしには臣が三千しかいないが、その心は一つである。

紂王は実際武王を迎え撃つために七十万の兵を牧野《ぼくや》にむかわせて決戦にそなえたのである。が、億の臣はもっていなかった。ここでいう億とは、いまでいう十万のことなのである。あるいは百万をさすときもある。

ちなみに紂王を破った武王は転戦して天下を伐《き》りしたがえた。斬首《ざんしゅ》にした敵兵の数は『逸周書』によると「億有十万七千七百七十有九」とある。この億を百万と読むと、商兵の戦死者は百十万七千七百七十九人であったことになる。

ついでながら、千は人のことであり、人と区別するためによこの線をいれて数の単位にした。万は、ご存じのかたが多いであろうが、さそりのことである。

王侯の一人称

史書や経書を読んでいると同一人物についていろいろな呼称がもちいられている。

一人称でも、かなりある。

たとえば『史記』の「殷本紀」のなかで、商（殷）の湯《とう》王が夏《か》の桀《けつ》王を伐《う》とうとするまえに、商の兵に語りかけるところがある。

——台小子《われしょうし》、敢《あえ》て乱を挙ぐるを行うに匪《あら》ず。

と、湯王はいった。

わたしはむりに乱をなそうというのではない、といったのだが、一人称の台小子はめずらしい語である。むろん自分を謙遜《けんそん》していったのにちがいないが、のちに天子の一人称は用法にきまりができた。この台小子は予小子《よしょうし》にあたるとおもわれる。

天子が予小子というときは、即位したばかりでまだ喪に服しているときである。

予一人《よいちにん》というときは、諸侯や臣下に命令するときである。

また即位したあと、祭祀《さいし》をおこなうとき、たとえば成王誦《しょう》がその祭祀にのぞんだとき、王室内の祭祀であれば、孝王誦、といい、王室外の祭祀であれば、嗣王《しおう》誦、というように、いいわけねばならない。

さらに廟に木主《ぼくしゅ》（位牌《いはい》）を立てるときは、帝、というのである。

君主の一人称は天子ほど多くないが、そのつかいかたにニュアンスがあっておもしろい。端的な例を『史記』から引いてみると、「秦本紀」につぎのようなものがある。原文を引くまえに、秦の君主の発言がどういう状況のなかでなされたかといえば、こうである。

秦は隣国の晋と軍をならべて中原《ちゅうげん》の国である鄭《てい》を攻めた。そのとき鄭の城を守る者が秦に通じたが、それを秘しておき、秦軍はいったん引き揚げた。単独で鄭を攻め取りたかったからである。それゆえあらためて秦は鄭を攻めることにした。

ところが秦の君主穆《ぼく》公は謀臣の百里奚《ひゃくりけい》と蹇叔《けんしゅく》の二人に反対された。しかし秦の君主は「もう決定したのだ」と反対を押し切った。そこは、

——吾《われ》、已《すで》に決せり。

と、書かれている。

兵が出発する日に、その二人の重臣が哭《な》いて見送ったときいた君主は、

——孤《こ》、兵を発するに、子沮《しはば》みて吾が軍を哭《こく》するは何ぞや。

と、きいた。このとき吾とはいわず孤と自分のことをいっている。君主は恐縮をあらわすとき、孤とか寡人《かじん》とかいう。このことばは災難や凶事を予感させるはたらきがあり、秦軍の前途に暗雲がたれこめている感じを読者にいだかせる。

司馬遷の用語のたくみさを読みとるのも『史記』を読むたのしさである。

刺客列伝

『史記』の愛読者のなかには「列伝」を好む人が多いであろう。「列伝」は個人の伝記の集成であり、それだけに人間が躍動している。かってな推量かもしれないが、「列伝」のなかでも「刺客列伝」がもっとも人気が高いのではないか。

刺客はいうまでもなく、暗殺者である。

だが、かれらは金でやとわれた者たちではない。

曹沫《そうかい》（春秋時代の人）
専諸《せんしよ》（春秋時代の人）
豫譲《よじよう》（戦国時代の人）
聶政《じようせい》（戦国時代の人）
荊軻《けいか》（戦国時代の人）

の五人は、たとえば豫譲がいったように、

――士は己《おのれ》を知る者の為に死す。

という精神の風景をもった者たちばかりである。

荊軻は秦の始皇帝の暗殺に失敗し、始皇帝と側近の者に斬《き》り殺された。

しかしながら、中国全土の人を恐れおののかす始皇帝を、敢然と刺しにいった荊軻の勇気に驚嘆しない者はなく、燕《えん》の国をはなれる荊軻を涙とともに見送る人々との別れを描いた「易水《えきすい》の別れ」は、涙なしでは読めない名場面である。

「易水にねぶか流るゝ寒《さむ》さかな」

という蕪村《ぶそん》の名句は、むろんその故事から取材されたもので、ねぶかの白と荊軻が身につけていた白衣、白冠という喪服をかさねあわせてみれば、歴史という大河に流れ去った一片のねぶかの存在とはなんであったのか、おのずとあきらかである。

蕪村が中国の故事に関心があったことはあきらかで、そこから生まれた句の風景は超大さをもっている。

「指南車《しなんしゃ》を胡地《こち》に引去ル霞哉《かすみかな》」

ここには気の遠くなるような広大な天地が描かれており、ふんいきは漢の時代であるが、指南車という、車上の木像の仙人の手がつねに南をさすといわれる車をつくったのは、黄帝である、ということになっている。

漢といえば、蕪村の句にこういうものがある。

「畑うちや法三章《ほうさんしょう》の札のもと」

漢の高祖が、秦の首都に軍をすすめたとき、秦のわずらわしい法律を全廃し、殺人、傷害、盗みだけを罰することにし、

――法は三章のみ。(『史記』「高祖本紀」)

と、述べたことに材を取っている。

むろん蕪村は『史記』のなかだけから句の主題をえらんだわけではない。それでも『史記』はかれの境地を高め、ひろげたことにちがいはなかろう。

始皇帝

兵法書

中国の古代にはいわゆる「七書《しちしょ》」とよばれる七つの兵法書がある。ちなみにそれらをすべてあげると、

『孫子』
『呉子』
『六韜《りくとう》』
『司馬法』
『黄石公《こうせきこう》三略』
『尉繚子《うつりょうし》』
『李《り》衛公問対《えいこうもんたい》』

ということになる。

そのなかの『司馬法』は本来兵をあつかうきまりのことで、馬と兵は同義語と考えてもさしつかえない。ただし、実際に残っている書物は後世の人が古代の兵法とはこうであろうと考えて書いたものである。

ところで、『史記』の「司馬穰苴《じょうしょ》列伝」に、

——余《よ》、司馬の兵法を読む。

という一文がみえる。この場合の兵法書は司馬穰苴法といってもよく、いまに伝わらない『司馬法』を司馬遷は読んだのである。

では、司馬穰苴とは、いかなる人であったか。列伝では司馬穰苴は斉の景公の時の人であったと書かれているから、春秋時代の人である。紀元前六世紀に生きていた斉の将軍だとおもえばよい。

ところがそれで安心するわけにはいかないところが中国の古代史のこわいところで、『戦国策』には、斉の湣《びん》王が司馬穰苴を殺した、と書かれている。斉の湣王は戦国時代の王で、紀元前三世紀の人である。

この場合、同姓同名の人がいたと考えにくいから、どちらかが正しいのであろうが、とにかく生きていた世紀が三つもはなれているのは、めずらしい。

ここでは司馬穰苴の兵法を解説するつもりはない。『史記』のなかにこういう記述があることに注目してもらいたい。

——穰苴先《ま》ず馳《は》せて軍に至り、表を立て漏《ろう》を下《くだ》して賈《か》を待つ。

斉の景公のとき、斉はたびたび戦いで敗れたので、景公が思い悩んでいると、宰相の晏嬰《あんえい》が穰苴を将軍に推薦した。穰苴を召した景公は、穰苴が軍事について語ることをきいて気に入り、将軍に任命した。

ところが穰苴は自分が卑賤《ひせん》の出であるから、軍に景公の信任のあつい臣をいれていただきたい、と言上した。そこで景公は寵臣《ちょうしん》の荘賈をつかわすことにした。穰苴は荘賈と約束した。明日、正午に軍門で会おう、ということにした。それゆえ穰苴は表といって日時計の柱を立て、漏といって水時計の水をたらして賈（荘賈）を待ったというわけである。

日時計と水時計は当然穰苴よりまえの時代にあったであろうが、記述のなかに明確にあらわれたのは、これが最初ではあるまいか。

孔子と子貢《しこう》

孔子の弟子は「七十子《し》」といわれる。

その七十人のなかで、もっとも富んだのは子貢（端木賜《たんぼくし》）であり、もっとも貧しかったのは原憲《げんけん》（子思《しし》）であろう。

子貢は孔子が亡《な》くなってから、衛《えい》と曹《そう》のあいだに住み、投機をおこなって、財産をふやした。子貢は外出するときはつねに四頭立ての馬車に乗り、騎馬の供をしたがえたようであるから、いかにかれが豪勢であったか想像するに難くない。子貢を迎えた各国の君主は対等の礼をおこなった。孔子の偉大さを天下に知らしめたのは、子貢の力が大きい。

たとえば、子貢が斉《せい》の景公に面会したとき、

「あなたはどなたを師となさっておられるか」

と、問われた。孔子がまだ生きているころの問答である。

「仲尼《ちゅうじ》がわたしの師です」

と、子貢はこたえた。仲尼は孔子のあざなである。

「仲尼は賢いですか」

「賢いです」

「では、その賢さは、どのようなものですか」

「存じません」

景公はいぶかしげに眉《まゆ》を寄せた。

「あなたはその賢さを知っているといいながら、どのように賢いかは知らぬという。それでよいのですか」

それにたいして子貢はたくみな比喩《ひゆ》をもちいてこたえた。

「たとえばいま、天は高いといいます。子どもも大人も、愚者も智者も、みな天が高いことを知っております。では、天の高さはどのようなものか、ときかれたら、みな、知らない、とこたえるでしょう。それとおなじように、仲尼の賢さを知ってはおりますが、その賢さがどのようなものかは知らないのです」

つまり孔子の偉大さは天の高さとおなじようにはてしがない、と子貢はいったのである。諸侯に会った子貢は、さまざまな比喩をもちいて孔子の偉大さをつたえたにちがいない。

『史記』の「仲尼弟子列伝」には、

——子貢、利口巧辞《こうじ》なり。孔子つねにその弁を黜《しりぞ》く。

と、ある。子貢は弁才にめぐまれており、弁知がきわだちすぎるので、それが学問の道ではあやうさをもたらすと考えた孔子は、子貢の弁巧《べんこう》をしりぞけた。が、思想家は弟子の良否により、その像が増減させられる。孔子は子貢を弟子にもったことにより、その像はかぎりなく大きく高くなったといえる。

仙人杖

あるとき子貢は孔子にこういう質問をした。

「富んでいても驕《おご》らず、貧しくても人にへつらうことがない人は、どんなものでしょうか」

孔子歿後《ぼつご》のことをおもえば、

――富みて驕る無く。（『史記』「仲尼弟子列伝」）

というのは、商略において成功をおさめた子貢自身のありかたではなかったろうか。とにかく子貢はそう師にきいた。すると孔子は、まあ、よいだろう、といったあと、

「だが、貧しくても道を楽しみ、富んでも礼を好む人にはおよばない」

と、つけくわえた。貧しくても道を楽しむ人、というのは、じつは孔子自身のことであり、かれがもっとも愛し、敬意さえいだいた、弟子の顔回《がんかい》のことであろう。顔回は二十九歳で髪がすっかり白くなり、その後、まもなく死んだようである。

顔回と孔子とが亡くなってから、貧しくても道を楽しむ人は、なんといっても原憲《げんけん》である。『史記』には孔子と原憲の問答と孔子歿後の生活ぶりが略記されている。その記述のなかでもっともおもしろいのは、富んでいる子貢が貧しい原憲をたずねたときの問

答である。『史記』は原憲のすまいや衣服の描きかたが粗《あら》いので『新序』の文でおぎなってみると、こうなる。

原憲は魯《ろ》に住んでいた。すまいは湿地にあり、あたりに藜《あかざ》がはえていた。一丈四方の家で、屋根は生のよもぎでふき、戸もよもぎでつくられており、破れた窓はかめでふさがれている。桑をまげてとぼそにしており、雨もりがするし湿気が強い。その家で原憲は端座し、琴を弾《ひ》き、歌を歌った。

子貢は原憲の家に馬車を乗りつけようとしたが、路《みち》がせまく、馬車が通れないため、降りて歩いた。そのとき原憲は桑の葉の冠をつけ、藜の杖をついて、門に出迎えた。あまりの貧しさをみかねた子貢が、

「あなたはなんと苦しんでおられることか」

と、いった。原憲は眉《まゆ》ひとつうごかさず、

「財産のないことを貧しいといい、学んだことを実践できないことを苦しむといいます。わたしは貧しくはあるが、苦しんではいない」

と、ぴしゃりといった。

子貢はみずからを愧《は》じ、やりきれぬおもいで去ってから、生涯、自分の失言を恥ずかしくおもった。

ところで原憲のもっていた藜の杖は、別名として仙人杖とよばれる。自由人の象徴で

ある。のち『三国演義』で張角《ちようかく》に『太平要術《たいへいようじゆつ》』というふしぎな本をさずける南華老仙という老人も、やはり藜の杖をついていた。

足袋のわざわい

春秋時代、黄河の東岸に衛《えい》という国があった。

その国の歴史は『史記』の「衛康叔世家《こうしゅくせいか》」に記されている。康叔というのは周王朝をひらいた武王の弟のことで、衛の始祖である。

それはさておき、春秋末期の衛の国情はなかなか複雑である。孔子が同時代に生きていたから、その複雑さは『論語』に反映されている。衛の国をねじまげたのは南子《なんし》という美女である。この美女は君主の霊公の正夫人でありながら、臣下にあたる子朝《しちょう》という美男の貴族の愛人であった。太子の蒯聵《かいかい》(のちの荘公)は生母の貞節のなさに腹を立て、生母を殺そうと計画したが、実行できずに国を出奔した。

霊公が亡くなったとき、蒯聵が国外にあったので、つぎの君主がむずかしくなった。けっきょく蒯聵の子の輒《ちょう》が即位したのである。輒は死後に出公《しゅっこう》とよばれる。

その事実を知った蒯聵が怒り、強引に帰国して自分の子を逐《お》いだして君主の席についた。この争乱で孔子の高弟の子路《しろ》(仲由《ちゅうゆう》)が、蒯聵の帰国をくいとめようとして死んでいる。

位についた蒯聵はすっかりだらしがなくなり、暴戻《ぼうれい》なことをおこなったので、臣下がおこした叛乱《はんらん》によって横死した。そこでふたりの公子がつぎつぎに立って君主となったもののうまくゆかず、ついに、出国していた輒が帰ってきて、ふたたび君主の席にすわったのである。ところが暴戻の血はあらそえぬもので、この輒は臣下に怨《うら》まれ、またもや出国することになるのである。

そのきっかけが、足袋である。

足袋のことは『春秋左氏伝』では、「韤《べつ》」と書かれている。韋《い》はなめしがわのことであるから、皮製の足袋であったのだろうか。ただし「韤線《べっせん》」といえば足袋の糸のことで、その糸はどこをとってもみじかく、才能のとぼしさをいうようになったから、あながち皮製とはかぎらなかったであろう。

輒が霊台（雲気をみる台）をつくり重臣たちを招待した。そのとき褚師声子《ちょしせいし》という大夫《たいふ》が足袋をはいたままのぼってきたので、輒は激怒した。君主のまえで足袋をはいてはならぬということであろうか。いいわけをして褚師声子が退いたあと、輒は、

「あやつの足をかならず切ってやる」

と、いきまいた。それをきいた褚師声子が仲間を誘って兵を挙げ、輒を放逐したのである。どうやら蒯聵、輒という父子の知能は韤線でできていたようである。

靴の出現

日本人は使う漢字を限定しすぎた観がある。
たとえば足にはく「くつ」を漢字になおすと「靴《か》」の一字になる。
ところが、くつにあたる漢字は、ほかに「舃《せき》」「履《り》」「屨《く》」などがある。『漢和中辞典』（角川書店）の解説にしたがうと、
靴は、匈奴《きようど》の用いるくつの呼び名をうつしたもので、かわぐつ
舃は、底を二重に作ったくつ
履は、かわぐつ
屨は、麻のくつ
ということになる。
ついでにいえば、わらじにあたる漢字は「蹻《きやく》」や「鞋《あい》」などがある。戦国時代に虞卿《ぐけい》という遊説者《ゆうぜいしや》がいたが、かれの身なりは、
――蹻を躡《ふ》み、簦《とう》を擔《にな》い。
と、『史記』の「平原君虞卿列伝《へいげんくん》」にあるから、わらじをはいて笠《かさ》を背負って旅をしたのである。

さて、くつに話をもどすと、中国の古代の人々が常用したのは、履であって靴ではなかった。

靴はどこからきたのか。

北方の異民族を狄《てき》といい、時代がさがって匈奴といった。かれらがはいていたくつを韡《か》とよび、韡が靴になったのであろうといわれる。いわゆるブーツであり、シューズではない。

戦国時代に北方の異民族と対決しなければならない国があった。趙《ちょう》である。河北の大国である。ちなみに趙は超とほとんどおなじ意味で、跳ぶということであるから、狄の語源とさほどかわりはない。

中国は上古に一大発明品をもった。

兵車（戦車）である。

馬によろいを着せ、車体に革《かわ》をはったものである。

中国での戦争といえば、兵車戦を想えばよい。商（殷）と周の決戦として有名な「牧《ぼく》野《や》の戦い」で、周側の兵車の数は四千乗（台）であったと「周本紀」に書かれている。

平原での戦いでは、兵車は威力を発揮したが山岳地帯ではそうはいかない。けっきょく趙の武霊《ぶれい》王は、異民族とおなじように直接に馬に乗り、騎馬軍団をつくらぬかぎり、かれらには勝てぬという結論に達し、臣下の衣服をあらためさせた。胡服《こふく》とよばれるが、要するに、袴《はかま》をぬいでズボンをはいたと想《おも》えばよい。それにともない、履は靴にかわったのであろう。

歌うということ

人はいろいろな行為をするが、そのなかで、歌う、という行為は、よく考えてみるとふしぎなものである。

司馬遷は『史記』を編むにあたって、帝王室の歴史というべき「本紀」をはじめにおき、つぎに年表にあたる「表」をおいた。その順序を考えると、

——たかが年表ではないか。

と、軽視すべきではあるまい。司馬遷はその表のなかでかなり重要なことをひそかに述べていると考えたほうがよい。それはのちの考察にまわすとして、表のつぎにくるのが「書」である。これは評論集にあたるもので、のちの歴史家は司馬遷の卓犖《たくらく》たる見識におそれをなし、手も足もでない分野となった。

書は、「礼書」「楽書」「律書」「暦書」「天官書」「封禅《ほうぜん》書」「河渠《かきょ》書」「平準《へいじゅん》書」という順序でならぶ。

人格は礼楽によって正す、という考えかたが儒教にはあり、司馬遷は儒教にかたむいていた人間ではないが、その思想のふちにそった整理をここではおこなったのであろう。さて、司馬遷は、「楽書」のなかで、声、音、楽をつぎのように説明している。

「音が起こるのは、人の心から生ずるのである。人の心が動くのは、物がそうしむけるのである。物に感じて人の心が動けば、それが声となってあらわれる。声がほかの声と応ずれば、変化が生ずる。変化が方《ほう》をなしたとき、これを音という」

変化が方をなす、というのはわかりにくいが、南朝の裴駰《はいいん》が著した『集解』では、鄭《じょう》玄《げん》の説を引き、

――方はなお文章のごとし。

と、あるから、方は綾《あや》ということであろう。

「音を秩序だててならべ、干戚《かんせき》・羽旄《うぼう》におよぶようになれば、これを楽という」

干は楯《たて》で、戚は斧《おの》である。ふたつをあわせた舞を、武王の舞という。羽は鳥の羽で、旄は牛の尾である。それらをあわせた舞を、文王の舞という。つまり音のくみあわせが舞楽を形成するようになって、はじめて楽というのである。

すると歌うことは、声音にとどまり、楽におよんでいないのであろうか。折口信夫《しのぶ》は『国文学の発生』のなかで、

――うたふからうたひと訴へとが分化して来たのである。

と、いった。歌うことが神へ訴えることであったとすれば、商王朝の末期に副都として造られた「朝歌《ちょうか》」は、朝から神へ訴える声でみちていた邑《まち》ということになる。

童謡の正体

うた、について白川静著の『字訓』をみると、「歌」と「謡」のふたつの字があげられている。

うたうことが神へ訴えることだとすれば、その字は歌ではなく謡をつかうほうが正しいようである。では歌はなにかといえば、

「訴えたことを神は実現してくださらないではないか」

と、神をとがめるふくみが大きい。

古代の人々にとって神はずいぶん身近にいたようである。

ところで歌謡が未来を予告するという例を史書に散見することができる。

有名な例は『史記』の「周本紀」にある。

西周王朝は幽《ゆう》王の代で滅亡するが、幽王の父が宣《せん》王であり、宣王のころ、

——童女謡《うた》いていわく、檿弧《えんこ》箕服《きふく》、じつに周を亡《ほろ》ぼさん、と。

と、いうことがあった。

檿弧というのは、山桑の木の弓で、箕服というのは、箕の木の箙《えびら》のことである。

司馬遷が『史記』を書くにあたって参考にしたもののひとつに『国語』がある。その

なかの「鄭語《てい》」をみると、その謡のところは、

——宣王の時に童謡あり。いわく、檿弧箕服、じつに周国を亡ぼさん、と。

と、わずかなちがいがある。

宣王はその謡をきき、そういう木の弓と箙を売る者をとらえて殺そうとした。そのため殺されそうになった夫婦がおり、ふたりが逃げてゆく途中で、怪しく美しい赤子をひろった。その子こそ、のちに笑わない王妃として後世まで知られる褒姒《ほうじ》である。この話は小説に書いたので、くわしく述べるのをひかえるが、問題は童謡である。けがれのない子どもがうたう謡は予告をはらんでいるときがある。

そういう謡は、謡讖《ようしん》という。

したがって童謡に関しては、その理解のうちにおさめていたが、あるとき白川静著の『字統』を読んでいたら、

——童は受刑者であるから、結髪を許されず、それで結髪をしない児童をまた童という。

という一文にであった。

「すると童謡は、受刑者の労働歌か」

と、おもったが、さてどうであろう。

中華でもっとも尊貴な王の耳にはいりやすい謡はどちらであったろうか。

呂后《りよこう》の殺人

呂后はいったい何人を殺したのであろうか。

呂后の名は雉《ち》で、あざなを娥姁《がく》という。呂文《りよぶん》（あざなは叔平《しゆくへい》）の娘として生まれた。

呂文はのちに呂公とよばれるが、経歴のわからない人で、『史記』には、

——単父《ぜんぽ》の人呂公、沛《はい》の令に善《よ》し。仇《あだ》を避け、之《これ》に従いて客たり。因《よ》って沛に家す。

と、あるだけである。

単父は、秦王朝期の碭《とう》郡にあった邑《まち》である。単父で人を殺した呂公は、親交のある沛の県令をたよって、沛県に逃げこんだのである。県の長官を令という。さしずめ市長である。単父と沛の距離は直線で七十キロメートルであるから、広い中国にしてはさほどはなれていない。

だが沛県は碭郡に属さず、泗水《しすい》郡に属している。そこに呂公の安心感があったのであろうか。秦王朝は法律でこりかたまっており、殺人罪を犯した者が安住できる地は辺境しかなかったはずなのに、こともあろうに県の長官が殺人者をうけいれ、しかも地元の名士に呂公を披露したのはどうしたことであろう。仇を避ける者を遇するやりかたではない。そのあたり『史記』の記述は矛盾をふくんでいる。

さて、呂公に面会をもとめた者のひとりに劉邦《りゅうほう》がいたことで、呂公の一族の運命が大いにかわった。そのときの劉邦は配下をふたりしかもたぬ役人であったが、娥姁を妻にしてまもなくおこった革命の風雲に馮《の》り、ついに天下を制した。呂公の娘の娥姁は皇帝の后《きさき》になったというわけである。

呂后の最初の殺人は、叛乱の鎮定としておこなわれた。呂后が殺したのは、兵略の才では天下にならぶ者がないといわれた韓信《かんしん》である。漢王朝がさだまりつつあるとき、自分の境遇に不満をいだいた韓信は、漢王室の転覆をたくらむが、密告され、呂后におびきだされて斬《き》られた。そのとき韓信は、

「女こどもに詐《あざむ》かれるとは、天命というしかない」

と、なげいた。

呂后の殺人がすさまじくなるのは、劉邦が亡《な》くなってからである。

まず、もっとも劉邦に愛された戚《せき》夫人を捕らえ、手足を切り、眼をぬき、耳をやき、廁室《ししつ》の不浄のなかに沈めて殺し、戚夫人の子の如意《じょい》を毒殺した。二代目の恵帝に子がなかったので宮中の美人の子をひきとって帝に立てた。そのおり、母親にあたるその美人を殺した。のち、その帝が事件の真相を知ったので、幽閉して殺した。また劉邦の子の友《ゆう》を招き、屋敷を衛士で包囲させ、餓死させた。さらに劉邦の子の恢《かい》の寵姫《ちょうき》を毒殺させた。そのせいで恢は自殺した。ほかにも劉邦の子の建《けん》と美人とのあいだにできた子を毒

殺させている。

呂后の冷血はどこからきたのであろうか。

呂后の治世

つくづく『史記』がおもしろいとおもうのは、呂后の非情さを、ときにすさまじく、ときに冷静に描写しておきながら、呂后についてまとめの批評というべき、

「太史公《たいし》曰《こういわ》く」

の段になって、その治世をたたえていることである。

「恵帝や呂后の時代は、庶民は戦国の苦しみからはなれることができ、君臣はともにになにもしないでおられるような休息を欲した。それゆえ恵帝は手をこまぬいたままであり、生母である呂后が女ながらも主となって、命令をくだした。その政治は閨房《けいぼう》をでなかったにもかかわらず、天下は晏《やす》らかであった。刑罰がもちいられるのは罕《まれ》で、罪人もめったにでなかった。人民は稼穡《かしょく》につとめ、衣食はいよいよ豊かになった」

絶賛といってもよい。

それだけを読めば、呂后はまれにみるすぐれた女帝である。

では呂后はいかなる善政をおこなったのであろう。

長安の宮殿には城壁がなかったので、それを完成させたことは「呂后本紀」にみえる。が、それ以外の事業についてはまったく書かれていない。呂后の政治の内容にふれてい

ってくる。

るのは「平準書《へいじゅん》」である。それに『漢書』をあわせて読むと、やや実体があきらかにな

恵帝の四年に、父兄によくつかえ、耕作にいそしむ者を推挙させ、その者の租税を免除させている。さらに、悪法をのぞこうとした。人民のさまたげになっている法令をはぶき、蔵書を禁じた秦の法律を廃した。楚漢戦争によって中国の人口は半減したといわれる。人口をふやさなければ、生産力は向上しないので、恵帝の六年に、三十歳までにとつがない女子に課税することにした。恵帝が亡くなったあと、八銖銭《はっしゅせん》を流通させた。秦王朝のつくった銭である。この銭は重いので、漢王朝は莢銭《きょうせん》という軽い銭をつくったものの、軽すぎてきらわれたため、もとの重い銭にもどしたのである。が、それで通貨の主流がさだまったか、どうか。八銖銭の再登場に反発するように莢銭の流通がさかんになったことは事実である。ただし呂后が貨幣経済になおざりでなかったことはまちがいない。

こうしてみてくると、呂后は人民に愛され、劉邦の遺子と遺臣に忌《い》み嫌われたという、ふしぎな像を歴史の網膜にむすぶ。

十干名《じっかん》の謎《なぞ》

商（殷）王はあるときから十干名をもつようになった。くりかえすが、十干というのは、

「甲《こう》・乙《いつ》・丙《へい》・丁《てい》・戊《ぼう》・己《き》・庚《こう》・辛《しん》・壬《じん》・癸《き》」

のことで、太古には太陽が十個あり、それぞれの太陽をそうなづけた。ちなみに甲から癸までを旬《じゅん》といい、いまでも日本で上旬・中旬・下旬というようにつかわれているが、その源は商王朝にある。一旬は十日である。さて、商王は上甲微《じょうこうび》のときから十干名をもつようになった。『史記』の「殷本紀」には、「微」としか書かれていないが、『国語』には、

――上甲微は能《よ》く契《せつ》に帥《したが》う者なり、商人《しょうひと》報ず。

と、しっかり書かれていて、『国語』という書物の成立が古く、しかも史料価値が高いことをうかがわせる。

「上甲微という王は、商の始祖である契がおこなった道によくしたがったので、商人は上甲微をたたえて祭りをおこなった」

という意味である。引用文のなかにある報は祖先を祭るということである。それはさ

ておき、上甲微から商王朝の滅亡時の王である帝辛《ていしん》（紂《ちゅう》王）まで、かぞえてみると、三十七人いる。「殷本紀」によって分類しなおしてみると、つぎのようになる。

甲――上甲微《じょうこうび》、太甲《たいこう》、小甲《しょうこう》、河亶甲《かたんこう》、沃甲《よくこう》、陽甲《ようこう》、祖甲《そこう》（七人）
乙――報乙《ほういつ》、天乙《てんいつ》、祖乙《そいつ》、小乙《しょういつ》、武乙《ぶいつ》、帝乙《ていいつ》（六人）
丙――報丙《ほうへい》、外丙《がいへい》（二人）
丁――報丁《ほうてい》、太丁《たいてい》、沃丁《よくてい》、仲丁《ちゅうてい》、祖丁《そてい》、武丁《ぶてい》、庚丁《こうてい》、太丁《たいてい》（『竹書紀年』では文丁と書かれる）（八人）
戊――太戊《たいぼう》（一人）
己――雍己《ようき》（一人）
庚――太庚《たいこう》、南庚《なんこう》、盤庚《ばんこう》、祖庚《そこう》（四人）
辛――祖辛《そしん》、小辛《しょうしん》、廩辛《りんしん》、帝辛《ていしん》（四人）
壬――主壬《しゅじん》、仲壬《ちゅうじん》、外壬《がいじん》（三人）
癸――主癸《しゅき》（一人）

以上の三十七人の王の十干名にかたよりがあることに気づく。つまり、丁の名のつく王がもっとも多く、つぎに甲、つぎに乙で、戊、己、癸になるとそれぞれ一人しかいない。もしも生まれた日によって命名されると、そういうかたよりがでるであろうか。死んだ日ではどうであろうか。そうではなく、べつの理由や必然があるとすれば、それはなんであるのか。それを解く鍵《かぎ》が直系の系譜と王の婦（夫人）にあることを張光直著の『中国青銅時代』（平凡社）がしめしているので、つぎにそれを紹介してみる。

丁王家と甲、乙王家

商王は天乙《てんいつ》のとき、夏王朝を倒したといわれる。天乙こそ商の湯《とう》王である。それから六百年ほど商王朝がつづいたのだが、そのなかばのころ、この王朝は極度に衰退した。それについて『史記』の「殷本紀」は、

――ここにおいて諸侯の朝《ちょう》するもの莫《な》し。

と、表現している。

滅亡寸前の王朝をまかされたのは盤庚《ばんこう》という王であり、かれは遷都《せんと》を決断し、民族の大移動を敢行して、死にかけた王朝を蘇生《そせい》させた。だが、直系ということを考えると、盤庚という王は弟の小辛《しょうしん》に位をあたえたことでその名が消えてしまう。小辛もやはり弟の小乙《しょういつ》があとをついだことでその名が消える。すなわち小乙が子の武丁に王位をあたえることで、ここに直系が存する。

商王朝が衰えたころの商王の祖丁《そてい》から「殷本紀」の記述どおりの王名をならべて図にしてみると左のようになる。

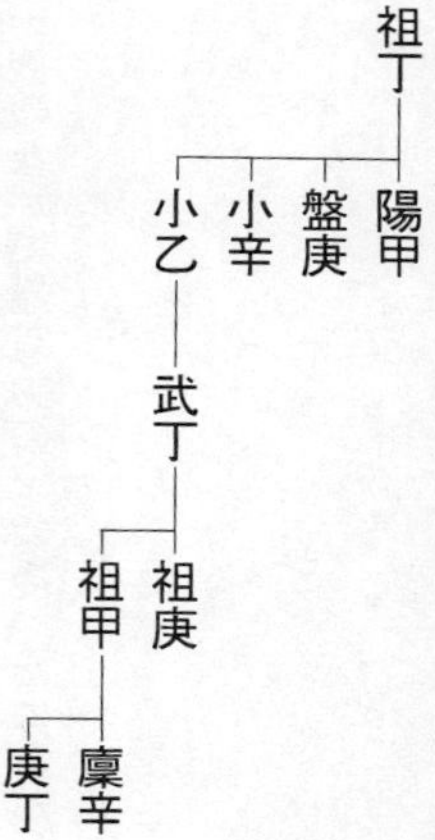

これを直系の系図に書きかえると左のようになる。

祖丁――小乙――武丁――祖甲――庚丁

すなわち一代おきに丁の名をもつ王があらわれるという事実があり、そこに『中国青銅時代』の著者の張氏は着目した。さらに張氏は商王朝の末期に祭られていた先王たちの妻（先妣《せんぴ》という）の名に、乙と丁とがいないことに気づいた。たとえば右の直系の王に先妣名をならべてみると、こうなる。ちなみにこのことは甲骨文によってわかるのである。

妣庚	妣庚	妣辛	妣戊	妣辛
祖丁	――小乙	――武丁	――祖甲	――庚丁

右のふたつの事実をどう解くか。

王族のなかで結婚がおこなわれたと想定するのがもっとも合理的な解決であると張氏はいう。つまり（甲、乙、戊、己）グループ、（丙、丁、壬、癸）グループ、（庚、辛）グループの三組があり、たとえば丁の名の王が庚、辛グループから妻をむかえると、その子は母の実家の力が弱いため王位に即《つ》けない。そのため甲、乙グループからでた王が即位する。そのようにみてゆくと、さきの直系は、

祖丁――?――武丁――?――庚丁

と書きかえることができ、小乙や、祖甲は丁の名のつく王の子ではないことになる。そう考えると商王朝さいごの王である帝辛《ていしん》（紂王《ちゅう》）の歿後《ぼつご》、商の遺民をまかされた武庚《ぶこう》が帝辛の子でなく、父が丁の名をもつ人であったこともうなずけるのである。丁はおそらく王族のなかで最有力の家であったにちがいない。

春秋時代のパズル

「杞憂《きゆう》」で有名な杞の国は、山東半島に近いところにあったが、なにしろ弱小国なので、国都がさだまらず、春秋時代の中期にようやく本格的な城壁を築いてもらえることになった。自国の力では城壁を築けなかったのである。

「杞に城壁を――」

と、指令したのは、晋《しん》の平公である。そのころ晋が中華の覇権《はけん》をにぎっており、晋の平公は諸侯の盟主であった。

平公の指令は、じつは親孝行のひとつで、かれの生母は杞からとついできた公女なのである。晋の国民に夫役《ぶやく》が課せられたのはもちろん、諸国にも労働力の提出がもとめられた。そのため、はるばる人夫をひきいて杞へでかけた各国の大臣は、国費のむだづかいであると不満たらたらであった。その委細について『史記』にはなんの記載もない。『春秋左氏伝』がくわしい。ただし『史記』の「陳杞世家」によると、そのときの杞の国主は文公益姑《えきこ》であることがわかる。推測をいえば、晋の平公の生母は、文公益姑の姉であろう。

さて、平公の生母は祖国に城ができたので、満悦の体《てい》で、帰国した人夫に食事をふるまった。問題はこれからである。

人夫のなかに、かなりの高齢とみられる老人がいた。

「ご老人は、何歳か」

と、たずねた者がいた。すると老人はこう答えた。

「わたしは小人《しょうじん》ゆえ、年齢がわかりません。わたしが生まれた年は、正月朔《ついたち》が甲子《こうし》で、それから四百四十五回の甲子がありました。さいごの甲子から今日までは、ひとめぐりの三分の一です」

さあ、この老人の齢はいくつであろう。

春秋時代の庶民の年月の意識がよくわかる話である。とにかくその老人の年齢のことで話題が沸騰《ふっとう》し、役人に質問がむけられた。役人は首をかしげ、ついに朝廷に問いあわせた。すると朝廷では算出し、

「その老人は七十三歳である」

と、答えをあたえた。すなわち、甲子を一日とすると乙丑《いっちゅう》が二日で、丙寅《へいいん》が三日というように、十干《じっかん》と十二支を組み合わせてゆくのである。さいごの六十日目が癸亥《きがい》となる。甲子は四百四十五回あっても、その数から一を引いた数を六十日にかけ、六十日の三分の一を足さなければ、正確な日数はでない。

計算してみると、二万六千六百六十日になる。単純にその数を三百六十五で割っても、七十三がでる。この話はこれだけでおわらず、つづきがしゃれている。

名は数をあらわす

晋《しん》から杞《き》まではおよそ千六百里である。

春秋時代の一里は、いまの四百五メートルである。

とにかく遠路を往復してきた老人について、朝廷でも話題が集中し、史趙《しちょう》とよばれる史官が、じつにおもしろいことをいった。その老人の名が「亥《がい》」であることから、史趙は、

——亥に二首《しゅ》六身《しん》有り。二を下《くだ》して身のごとくすれば、これその日数なり。

と、あざやかにいった。その場にいた朝臣たちはどっと沸いたことであろう。ところが後世の者にとってこのほうがむずかしい謎解《なぞと》きである。つまり春秋時代に亥はどう書かれていたのか、それをまずふまえなければならない。ふつう春秋時代の字体は大篆《だいてん》とよばれる。

亥について、その字を分解してみるとつぎのようになる。

「二　∧　∧　丄」

亥の字の上部の丄が二にかわるのはわかりやすいが、下部が∧∧丄になるのは、その字をみなければ理解しにくい。だが∧はテントの形であることを知れば、なんというこ

とはない。∧が甲骨文字の六なのである。

史趙が亥の首にあたる部分が二で身にあたる部分が六だといったのは、そのことである。したがって、∧∧⊥、は六六六と解し(⊥は∧の横になった形と解く)、上の二をおろしてその数字にくっつければ、

「二六六六」

と、なる。老人のすごしてきた日数をおもいだしてもらいたい。二万六千六百六十日であった。なんと老人の名がその日数を指しているではないか、というのが史趙の発見である。

やんやの喝采《かっさい》がしずまったあと、晋の宰相である趙武《ちょうぶ》は、老人の出身地とそこを治めている長官の名をきき、その長官が自分の部下であることを知ると、大いに恥じいり、老人を招いて詫《わ》びた。

「わたしは不才で、晋国に憂《うれ》えが多いため、あなたを用いることができず、あなたをどろまみれの仕事のなかにいやしめてきた。わたしの罪です。すすんでわたしの不才を謝《あや》まります」

一国の宰相が庶民である老人に頭をさげたのである。趙武はさらにその老人を任用し、老人を夫役に徴《め》した長官を罷免《ひめん》した。趙武のみごとさである。その一事をもって、晋はあなどれぬ、と諸国の有識者に認識させた。

ひとつ、忘れてはならないことがある。老人の生まれた年は正月が甲子からはじまるということであったが、その年の正月は乙丑《いっちゅう》からはじまっている。その年の三月の朔が甲子である。すなわち老人は周暦（いまの十二月が正月）を用いず夏暦《かれき》を用いていたという証拠がここにある。

古代の鏡

春秋時代にあらわれた美女はすくなくない。

そのなかで中期にあらわれた美女は、なんといっても夏姫《かき》であろう。この美女は、後期にあらわれた西施《せいし》とちがって、伝説の模糊《もこ》のなかにはいない。『史記』の「陳杞世家」「晋世家」などのほかに『春秋左氏伝』にも記述があるから、夏姫はまちがいなく存在したのである。

波瀾《はらん》にみちた夏姫の晩年は巫臣《ふしん》の愛にまもられて、おだやかで幸福であったようだ。巫臣は楚の大臣であったが、夏姫と晋へ亡命した。そこで生涯をおえたのである。さて、夏姫には娘があった。その娘も美女であった。

晋の秀才である叔向《しゆくきよう》が夏姫の娘を妻に迎えたいと母に相談すると、猛反対された。母がいうには、

——はなはだ美なるものは必ずはなはだ悪なるあり。

と、美女とはかならず悪人であるという論を展開しはじめた。伝説も引いた。有仍氏《ゆうじよう》という大族が上古にいたが、そこに生まれた娘は、髪が黒々として美しく、

——光もって鑑《かがみ》とすべし。

と、形容した。そのつやのある髪は鏡のかわりになった、ということである。

その文をはじめて読んだとき、春秋時代には鏡が常備されているという印象をうけた。庶民の手にとどいていたかどうかはさておき、貴族の家にはかならずあったのではないか。

鏡の記述を『春秋左氏伝』によってさかのぼってゆくと「荘公二十一年」(紀元前六七三年)に、鄭の君主と虢《かく》の君主が周の恵王を大いに助けたので、恵王から褒美《ほうび》をあたえられた。鄭の君主はそのとき、

「后《こう》の鞶鑑《はんかん》」

とよばれるものをさずけられた。

その鞶鑑とは何であるのか。鑑はまずまちがいなく鏡である。鞶鑑というひとつのものなのか、鞶と鑑とふたつあったのか。鞶がよくわからない。ちなみに鞶は帯であるという説と小さな袋であるという説などがある。それは王の后《きさき》が用いるものなのである。

鏡は文献的にどこまでたどってゆけるのであろうか。

文献にたよるまでもなく、出土品があるのである。商時代、高宗武丁王に愛された婦《ふ》好《こう》の墓から鏡がでてきた。そのほかの出土品も大阪にきたことがあるので、見学に行ったが、まさに宝の山という感じで驚嘆したおぼえがある。その鏡は青銅製であった。鏡

はどうやら王威にかかわりがあるらしい。婦人専用のものだときめてかからないほうがよいような気がする。

女性の髪

中国の古代の美女についていえば、現代の美女とさほどかわりがないようにおもわれる。

手はやわらかく白いこと、膚《はだ》はなめらかで白いこと、首は長く白いこと、歯はきれいにそろって白いこと、額は広いこと、口もとはあいらしいこと、目は白目と黒目がはっきりしていることといった条件は古代に特有なものではあるまい。

ほかの条件に、

「蛾眉《がび》」

というものがある。眉《まゆ》は蛾の触角のように細くまるいのが理想とされる。これは生まれつきそういう眉の人もいようが、黛《まゆずみ》をつかって眉を描いたと考えたほうが自然である。するとと眉を描く筆もあったと想像できる。さらに髪についていえば、

「雲鬟《うんかん》」（雲のようなまげ）

「雲鬢《うんびん》」（雲のような耳ぎわの髪の毛）

といった語があり、いずれも美女の豊かな髪をあらわしている。古代の人々は細くて長いものを神聖視する風習をもっている。それがどこからきているのか大いに興味があ

る。

商王朝期には「神」という字は存在しなかった。神の前身にあたる字は「申」である。この字の中央にある線は天を裂く雷であるらしい。そういう天文のほかに、獣骨や亀甲《きっこう》を焼いてできるすじを兆《ちょう》といい、それをみて将来を予見しようとした。いまでも手相をみるとき、手の色や厚みをみるほかに、やはりすじをみる。

「細くて長い」

ということが、どうも神託をうけることと関係があるような気がしてならない。巫女《ふじょ》はかならず髪は長くなくてはならないのである。したがって人の髪は神を招くはたらきがあると考え、重要視したのではあるまいか。そもそもなぜ髪の豊かさをいうのに、雲、をつかうのであろう。湧《わ》きあがる雲をみて、その形ににていたという理由だけなのであろうか。

結婚した女性は、にわとりが鳴いたら起きて、手や顔を洗い、口をすすぎ、髪をくしけずり、黒い絹で髪をつつみ、笄《かんざし》をさして、ふさにする、ということが『礼記《らいき》』に書かれている。未婚の女性もおなじように早朝に髪を洗うのだが、そのあと、

――髦《ぼう》を払い、総角《そうかく》す。

と、ある。髦はたれがみのことで、前髪をあげることが髦を払うにあたる。総角はあげまきにあたる。耳のうえで角《つの》のように髪をむすびあげることである。その髪の形を、

「さそりのごとし」

と、『詩経』は形容している。女性が多く集まった景観はどう形容することができるのであろうか。

管仲《かんちゅう》と晏嬰《あんえい》

晏子《あんし》といえば後世、斉《せい》の宰相であった晏嬰ただひとりを指すようになった。その晏嬰の伝記が『史記』の「列伝」のなかにおさめられている。「管晏列伝」といい、管仲と晏嬰がひとまとめになっている。管仲が亡《な》くなったのが紀元前六四五年であり、晏嬰が亡くなったのが紀元前五〇〇年であるから、ふたりの時間的へだたりはおよそ百五十年である。

ところが中国の古典とはおもしろいもので、そのふたりに対話をさせているものがある。『列子』という道家《どうか》の書物である。それには、

——晏平仲《へいちゅう》、養生《ようせい》を管夷吾《いご》に問う。

と、まずあって、晏嬰が長生きの法を管仲に問うのである。管仲の答えは、一言でいえば、

——之《これ》を肆《ほしいまま》にせんのみ。

ということになる。自分のおもった通りに生きればよい、というのである。そういう生きかたができれば、一日、一月、一年、十年というわゆる短い人生であっても、長生きしたといえる。それにひきかえ、おもった通りに生きられないのであれば、たとえ

百年、千年、万年という長い人生であっても、長生きしたことにはならない。

そう晏嬰におしえた管仲は、こんどは質問者になった。

——死を送るには奈如《いかん》せん。

と、晏嬰に問うた。死を送る、とは、葬式のことである。葬式はどのようにするものなのか、きいた。それにたいする晏嬰の答えはにべもない。

「かんたんなことです。語《つ》げるまでもありません」

こういういいかたはいかにも晏嬰らしいが、それでは問答が成立しないので、管仲が、

「ぜひきかせてもらいたい」

と、いった。すると晏嬰は、六種類の葬式のあることを述べた。

火で焚《や》く、水に沈める、土に埋める、野晒《のざら》しにする、谷に棄《す》てる、石棺に斂《おさ》める、そのどれでもよく、その人にとってのめぐりあわせだ、と晏嬰はいった。道家の思想を晏嬰に仮託して表現したのでそうなったのであろうが、中国の古代では土葬ばかりかといえばそうではなく、遊牧民族はおなじ地に長くとどまっていられないので、火葬にしたようである。

とにかく管仲が生について知り、晏嬰が死について知っていると考えられたことに興味がある。管仲は君主の桓《かん》公よりさきに死に、晏嬰は霊《れい》公、荘《そう》公という二君主の死を送ったからであろうか。

エピソードの読みかた

ふたたび『史記』の「管晏列伝」に目を投じてみる。晏嬰について目をすえてみると、これでも伝記かといいたくなるほど記述された内容がうすい。

それについて司馬遷は、

「その著書は世間によく知られているので、論ずるようなことをしなかった。ここでは、軼事《いつじ》を論じた」

と、説明している。軼は車で走りすぎることであり、逸の字におきかえることもできる。したがって軼事はエピソードである。すなわち晏嬰の伝記について『晏子春秋』がくわしく、この書物は多くの人が読んでいるから、いまさら司馬遷としてはそこに記されたことを採録する必要はないと考えた。そこで司馬遷はたったふたつのエピソードで晏嬰を論じようとした。

ひとつは越石父《えつせきほ》の話である。越石父は賢人でありながら縄つきの奴隷《どれい》として道路で働かされていた。晏嬰は賠償をおこなって越石父をその身分から救い、自宅につれ帰った。ほかのひとつは、晏嬰の御者《ぎよしや》の話である。その御者は大きな男で、宰相の御者であることを誇りに感じていた。が、ある日、妻が離婚を口にした。おどろいた御者がわけをきくと、主君である晏嬰は小さな人であるのに、その名は諸侯に知られ、しかもへりくだっている。しかるに御者は、大男でありながら、御者として満足している。そういう人のもとにいたくないと妻はいった。御者は妻のことばをしみじみ感じ、謙遜《けんそん》につとめ、ついに晏嬰に推挙されて大夫《たいふ》になった。

それだけのエピソードで晏嬰のなにがわかるのであろうか。考えるまでもない。わかるはずがない。

では、晏嬰の数多いエピソードのなかで、なぜそのふたつが『史記』に記録されることになったのか。

越石父を採った理由はわかる。司馬遷自身、匈奴《きょうど》に投降した李陵《りりょう》を弁護したことで武帝の怒りにふれ、投獄され、刑を受けた。受刑者のなかでも賢人はおり、それをみぬいた晏嬰の目にあこがれたのであろう。司馬遷が越石父なのである。

つぎの御者は、わかりにくい。既存のエピソードというより、司馬遷の創作のように感じられる。晏嬰の身長を「六尺に満たず」と書き、御者を「八尺」と明記するところに作意が感じられる。そのころの八尺はいまの一・八メートルである。八尺というのは司馬遷の身長なのであろうか。もしかすると、読者は心のなかで一尺をたさなければならないかもしれない。九尺となれば、それはいうまでもなく孔子である。

一年のずれ

中国の古代の人々は、生年と歿年《ぼつねん》とがわからない人がきわめて多い。

そういうなかで孔子の生年はじつにあざやかに『史記』の「孔子世家」に書かれている。

——魯《ろ》の襄《じょう》公二十二年、孔子生まる。

これほどはっきりしていることはめずらしい。魯の襄公という君主の即位からかぞえて二十二年目は、紀元前五五一年にあたる。

では、孔子の生年は紀元前五五一年であると断定してよいかといえば、そうではない。史料はほかにもあるのである。『史記』よりはるかまえに成立している『春秋公羊《くよう》伝』では、魯の襄公二十一年の「伝」に、

——十有《ゆう》一月庚子《こうし》、孔子生まる。

と、ある。十一月の庚子の日に孔子は生まれた、ということであり、その年は襄公二十二年より一年まえである。では『春秋穀梁《こくりよう》伝』をひらいてみると、襄公二十一年の十月の「伝」のところに、

——庚子、孔子生まる。

と、書かれている。すなわちその二伝はいずれも襄公二十一年を孔子の生年としてい

る。それにしたがえば、孔子は紀元前五五二年に生まれたことになる。そうなると、どちらが正しいか、と議論のわかれるところであるが、ここでの関心は、なぜ司馬遷はその二伝の記述を無視して、孔子の生年を一年ずらしたかということにある。

一年のずれを考えれば、たとえば「孔子世家」を読んでゆくと、魯の定公という君主は、孔子の進言によって、魯で威勢をふるっている三大臣の城をこわそうとした。その年は、

「定公十三年」

と、明記されている。ところがその事件は『春秋左氏伝』『春秋公羊伝』『春秋穀梁伝』の三伝とも、

「定公十二年」

としている。ここでも一年のずれがある。そんなことを考えあわせてゆくと、もしかすると司馬遷は襄公元年を実際に即位した年、つまり紀元前五七三年においたのではないかとうたがいたくなる。実際に即位した年とは変ないいかただが、紀元前五七三年に襄公の父の成公が亡くなっているので、襄公が即位したのであるが、この年は成公十八年と書かれ、襄公元年と書かれるのは翌年である。それが書法であるのに、司馬遷は成公十八年を襄公元年とどこかに記《しる》しておいたのを、そのままつかってしまったのではないか。一年のずれはそこから生じたと想像するのは、まとはずれであろうか。

南燕《なんえん》と北燕《ほくえん》

「司馬遷の記述の不正確さを追及するようでもうしわけないが、『史記』の「燕召公世《えんしょう》家」を読むと、ふしぎなことに気づく。

燕はいまの北京《ペキン》市に首都をおいていた国である。

燕の始祖を召公という。

召公から君主をならべてゆこうとすると、

――召公より已下《いか》、九世にして恵侯に至る。

と、あって、初代の召公のつぎは九代の恵侯になってしまう。恵侯のつぎは釐《き》侯、釐侯のつぎは頃《けい》侯というように、燕が秦の始皇帝に滅ぼされるまで君主名をつらねてゆくと、王喜がさいごの王で四十三代目である。

それでは周王室でおなじように王をならべてみる。武王が始祖であり、しかも召公と同時代に生きていた王であるから、武王を初代とし、二代が成王、三代が康王というふうにかぞえてゆき、秦に滅ぼされる赧《たん》王が何代目かといえば、三十七代目である。つまり燕より六代すくない。もちろん周王室は燕よりはやく滅亡したことを考慮にいれなければならないが、六代も差があるのは奇怪である。念のために秦の君主はどうなっているか、しらべてみると、周の武王と同時代の人は、秦の先祖のなかでは女妨《じょぼう》である。女妨を一とすれば、始皇帝は四十である。やはり燕よりすくない。

司馬遷の記述どおりに燕の公室の年表をつくったことがある。みごとに収拾がつかなくなった。

なぜ燕の君主だけが異常に多いのであろう。

その疑問は、あるとき、きれいに解けた。白川静博士の本を読んでいたら、司馬遷は南燕と北燕とを同一視した、という主旨のことが目から胸にとびこんできた。おもいもよらぬ発想だけに、かえって、ああ、そうにちがいない、とすぐに諒解《りょうかい》した。

燕という国はふたつあった。春秋時代のはじめに燕といえば、中原《ちゅうげん》にある南燕のことで、北京市にあった北燕を指さない。司馬遷は南燕の君主名と北燕の君主名とをまぜあわせてしまったらしいのである。南燕は消滅し、北燕が残ったので、燕といえば北燕ということに後世ではなったことが混乱のもとである。

司馬遷の杜撰《ずさん》さはしばしば専門家に指摘されるところであるが、それを超えて、歴史と人物の魅力が爍々《しゃくしゃく》と放たれている『史記』という書物は、つくづくふしぎな歴史書だとおもわれる。

劉備《りゆうび》の先祖

『三国志』の「蜀《しよく》書・先主伝《せんしゆ》」に、

——先主、姓は劉、諱《いみな》は備、字《あざな》は玄徳《げんとく》。涿《たく》郡涿県の人なり。漢の景帝の子、中山靖王《ちゆうざんせい》勝《しよう》の後なり。

とある。三国時代、蜀に国を樹《た》てた劉備の先祖は、前漢王朝の皇帝である景帝の子の中山靖王勝であるというわけだが、まず景帝についていえば、王朝をひらいた高祖・劉《りゆう》邦《ほう》の孫である。その子が勝であるから、勝は劉邦の曾孫《ひまご》にあたる。

では、中山靖王勝とは、いかなる人物であったろうか。

『史記』の「五宗世家」を読むと、景帝の子のうち十三人が王になったことがわかる。景帝の子は十四人である。のこりのひとりはなぜ王にならなかったのか。懸念《けねん》にはおよばない。のこりのひとりとは武帝であり、景帝のつぎに皇帝になったのである。さて、「五宗世家」には、わずかではあるが勝のひとがらが活写されている。劉備の好きな人にとっては、がっかりするような話である。酒と女を嗜《この》む君主はかならずしも暗君だとはいいきれないが、勝はまさしく酒色を嗜んだ。もっとも、かれの曾祖父《そうそふ》の劉邦が酒色を嗜んだことはなみはずれていた。

たとえば、周昌《しゅうしょう》という臣が上奏するために劉邦をさがしているうちに、劉邦が寵愛《ちょうあい》している戚姫《せきき》を擁《だ》いているところにぶつかったという逸話が『史記』の「張丞相列伝」に記載されている。周昌はいそいで引き返したが、それに気づいた劉邦は、戚姫をはなし、周昌をつかまえて馬のりになり、

「わしはいかなる君主かな」

と、きいた。周昌はあおぎみて、

「陛下は桀《けつ》や紂《ちゅう》といった君主です」

と、こたえた。歴史上最悪の王にたとえられた劉邦は、しかし大笑いした。勝はその血をいくぶんかひいているということであろう。ちなみに劉備の家系は勝の数多い子のなかの「貞《てい》」という人から発している。『漢書』の「王子侯表」には、陸城侯貞《りくじょうこうてい》の名がみえる。

それはさておき、中山王となった勝が趙《ちょう》王である兄の彭祖《ほうそ》にいったことがふるっている。

「兄上は官吏になりかわって治事《ちじ》をおやりになっておられるようですが、王とは、毎日音楽を聴き、女色を楽しむものではありませんか」

これをきいた趙王・彭祖はあきれかえり、

「中山王はいたずらに日々淫逸《いんいつ》して、天子を佐《たす》けず、百姓《ひゃくせい》（庶民）をてなずけることを

しない。なにをもって藩臣といえようか」

と、きびしく非難した。

あらわれた劉勝

上古から王侯貴族の陵墓は、まさに宝の山であった。

庶民の墓は土が盛られることはない。したがって土のもりあがった墓は貴族のものだとすぐにわかる。その土のつみかさねが巨大になり墳丘となれば、墓の主は王侯であろうとだれでも見当がつく。

墓は死後のすみかである。宮殿に住んでいた者は死後にも宮殿に住みたいとねがうのは当然であろう。それゆえ王侯の日常生活はその人の死とともに地中に再現される。

それに目をつけたのが盗掘者である。庶民では何代かかっても手にはいりそうもない珍品奇物や財宝が地中にねむっているのである。その宝のありかはじつにわかりやすい。盗掘者にたいして、ここですよ、と埋葬者は土を盛っておしえてくれているのである。王侯は生前に自分のための墓をつくっておくのがならいである。秦の始皇帝は即位後まもなく陵墓の造営にとりかかったようである。盗掘者としては、そういう工事がはじまるのをはるかかなたからながめて、ほぼ同時に盗掘のための工事を開始するのである。始皇帝陵の場合、始皇帝が生きているうちに完成しなかった。ということは盗掘者も代をかさねたであろう。

とにかく、盗掘にあわない王侯の墓はめずらしいといえる。

一九六八年、中国の河北省満城《まんじょう》県でひとつの墓が発見され、調査のために発掘された。盗掘のあとがない墓である。墓を造築した者は墳丘ということを考えず、すでにある岩山の腹に穴をあけ、そのなかに宮室をつくろうとしたのである。人工の丘ではなかったことで、盗掘者の目をまぬかれたのである。

その地中の宮室のあるじこそ、中山靖王勝であった。肉体はもとより骨も灰のごときありさまであったが、玉衣がのこされていた。文字どおり玉片をつづりあわせてできた衣で、全長が一八八センチメートルあった。それより身長はみじかいとしても、劉勝はけっして小さい人ではない。

墓全体を再現してみると、どうやら劉勝はいつでも宴会をひらけるように工夫したらしい。司馬遷の記述はあやまりではなかったのである。ただし墓の正面は東にむいており、死後も東方ににらみをきかせるという劉勝の意識がそこにみられるとすれば、天子を佐《たす》け、藩《かきね》の臣でありたいという劉勝の心を読みとることはできる。

ついでにいえば、劉備の出身地の涿県は、劉勝の墓のある満城県から北京市へゆく途中に位置する。

馬陵《ばりよう》の戦い

中国の戦国時代は、文字どおり戦いに明け暮れていた時代である。無数にある大小の戦いのなかで、もっとも劇的であるのが、

「馬陵の戦い」

である、といっても、異論をとなえる人はさほど多くあるまい。馬陵の戦いは戦国時代の中期にあり、後期にはいると、秦《しん》軍と趙《ちょう》軍が戦った「長平《ちょうへい》の戦い」があり、そこではなんと趙兵の四十万が秦軍に降伏し、しかも全員生き埋めにされた。そういうすさまじい数の死者を、馬陵の戦いはもっていないにもかかわらず、『史記』の「孫子呉起列伝」を読んだ人は、馬陵の戦いに到《いた》って、おもわず息を呑《の》んだにちがいない。

それは斉《せい》軍と魏《ぎ》軍の戦いでありながら、孫臏《そんぴん》と龐涓《ほうけん》という兵法の天才どうしの知略のしのぎあいであり、ふたりはおなじ先生について学んだという過去をもち、さらに孫臏の才知を恐れた龐涓が孫臏に罪を衣《き》せたにもかかわらず、刑罰によって足をうしなった孫臏が脱出し、復讎《ふくしゅう》の機をうかがうという情念の葛藤《かっとう》をふくみ、ついに馬陵において爆発する怨讎《えんしゅう》の火が、龐涓にむかって飛ぶ一万本の矢として表現されるみごとさは、殺伐とした二国の戦いから昇華されたところにある。

司馬遷が戦いの描写にすぐれているのは、かれ自身が兵法にすくなからぬ興味をいだいていたせいでもあるが、それにしても馬陵の戦いに投入された詞華は、列伝のなかでもひときわあざやかである。

それはそれとして、一九七二年に、中国の山東省で前漢初期の墓が発見され、そこから『孫臏兵法』があらわれたのである。その兵法書はむろん『孫子』として名高い兵法家の書物とはあきらかにちがっていたので、『孫子』は春秋時代の後期に呉《ご》の将軍となった孫武《そんぶ》によって書かれたものであると断定されることになった。とにかく『孫臏兵法』を読んで愕然《がくぜん》とすることは、なんと孫臏が龐涓に勝ったのは馬陵の戦いではなく、桂陵《けいりよう》の戦いであるということである。

——孫子息《いこ》わずして之《これ》を桂陵に撃《う》ち、龐涓を禽《とりこ》にす。

そのなかの一文はそうなっている。

桂陵の地をまたは馬陵というのではないかと考える人がいるかもしれないが、それはこじつけであり、ふたつの地はやはりちがう。そうなると馬陵の戦いは実際にはなく、司馬遷の頭のなかにだけあった戦いなのであろうか。

西か東か

馬陵の戦いについては難問が山積している。

それについては、『史記』を措《お》いて、ほかの史料に目を転じてみる。『竹書紀年』という魏の歴史書がある。それを読んでゆくと、馬陵の戦いは二度あったことがわかる。周の顕《けん》王の二十四年に、魏軍は韓軍を馬陵で破っている。それから二年後の顕王二十六年に、魏の穣疵《じょうし》という将軍が鄭《てい》(韓)の孔夜《こうや》という将軍と梁赫《りょうかく》の地で戦い、鄭軍を敗退させた。梁赫はひとつの地名ではなく、梁と赫をわけて読む。いずれも韓の国のなかの地名である。さらに穣疵将軍は斉の田肦《でんはん》将軍と馬陵で戦っている。

ちなみに周の顕王の二十六年は紀元前三四三年にあたる。

穣疵という将軍の名はみなれぬもので、かれが龐涓《ほうけん》と同一人である可能性はすくないように感じられるが、穣が姓というより封邑《ほうゆう》名であると考え、疵が小さなきずのことであり、涓が小さな流れであることを考えあわすと、穣疵が龐涓であるわずかな可能性が残されている。

つぎの難問は、『史記』では、馬陵で龐涓と戦った斉の将軍は田忌《でんき》ということになっているのに、『竹書紀年』では田肦になっていることである。では、田忌と田肦とはおなじ人かといえば、そうではない。『竹書紀年』の周の顕王十五年の項に、斉の田期《でんき》将軍が魏の東辺を攻撃して、桂陽《けいよう》で戦い、魏軍が敗走したという記事がある。その田期が田忌であろう。馬陵の戦いにおける主役は、孫臏《そんぴん》や田忌ではなく、田肦であったのか。

さいごの難問は、馬陵がどこにあったか、ということである。

学説の多くは、その地を、斉の国の西辺においている。

すると、魏軍が韓軍を破った馬陵と、斉軍と魏軍が戦った馬陵とは、ちがうということになる。魏軍と韓軍がわざわざ斉の国へやってきて戦うことは考えられない。そうではなく、馬陵というのは、魏か韓にあったと考えてはいけないのだろうか。斉が軍をだしたのは、魏軍に大敗した韓軍の要請によるもので、その斉軍が国境をでるまえに、すでに斉に攻め込んでいた魏軍と馬陵でぶつかったと想像するのは、むりがある。『史記』の「孫子呉起列伝」でも、魏の首都の大梁《たいりょう》にむかった斉軍がそれからどうしたかといえば、

――既《すで》に已《すで》に過ぎて西《にし》す。

と、記述している。ここが大論争の的で、斉軍は自国に帰ったのだから、東す、でないといけない、ときめつけている人もいる。しかしどう読んでも、斉軍は大梁をすぎてはるばる西へすすんで行ったのである。司馬遷の記述を信じない学者が多いので、そこは無視されるわけだが、馬陵が大梁より西にあったと考える人がほとんどいないことに、いまでも首をかしげている。

春秋の笑話

春秋時代の晩期に、陳《ちん》という国に轅頗《えんぱ》という大夫《たいふ》がいた。

かれは司徒《しと》の位にあった。

周王朝の官制をしるしたと伝えられているものに『周礼《しゅうらい》』があり、それによると官は大きく六つに分類されている。ついでに、そもそも官とは何か、を『字統』に求めてみると、軍の聖所であったようだ。軍の守護霊が宿るところなので、館という字が成立したともある。それがわかると、いまわれわれがつかっている旅館が、古代の意味といかにかけはなれているかわかって、おもしろい。旅は軍のことである。

それはさておき、周の六官はつぎのようになる。

天官——冢宰《ちょうさい》
地官——司徒
春官——宗伯
夏官——司馬
秋官——司寇《しこう》
冬官——司空

各官の下に記したのが、いわば大臣の職であるが、正確にいえば冢宰という大臣はおらず、冢宰の長を大宰《たいさい》といい、これが宰相ということになる。地官の司徒の長は大司徒という。今日でいう文部大臣である。そういう中央の官制が周王朝下の諸国でもおこなわれていた。それゆえ陳の轅頗は人民を教導する長官であった。

さて、陳の公女が他国の公室へ嫁《か》することになったのだが、婚儀にかかる費用は多大なので、轅頗は領内の田土のすべてに税を割りあてて公女の婚資を捻出《ねんしゅつ》した。あまつさえ、税収の余りをつかって、自分のために銅器をつくった。そのため、かれは怨嗟《えんさ》のまととなり、ついに追放されることになった。この事件は紀元前四八四年にあり、陳が紀元前四七八年に楚《そ》に攻め滅ぼされるのであるから、滅亡よりわずか六年前のことである。

轅氏は陳の公室を累代《るいだい》ささえてきた大柱石の名家で、その当主が亡命しなければならぬというのも、陳の衰弱のはなはだしさをあらわしているであろう。

轅頗は道中でのどが渇いた。すると族人の轅咺《えんけん》が、濁酒《にごりざけ》、乾飯《ほしいい》、乾肉《ほしにく》などをそろえてすすめた。轅頗は大いに喜び、

「よくぞそろえてくれた」

と、ほめた。轅咺が答えた。

「銅器をおつくりになったとき、そろえておきました」

「そうか……、なにゆえわしを諫《いさ》めてくれなかったのか」

「それをいたしますと、わたしのほうが先に逃げだすことになろうと、懼《おそ》れたしだいです」

亡命の時代

春秋時代の年表を、司馬遷は「十二諸侯年表」としてまとめた。なにゆえ司馬遷が年表をつくろうとしたのか、かれ自身のことばがある。補足して訳してみるとつぎのようになる。

「儒者は史実についてその意義を断定するが、客観に欠ける。遊説者《ゆうぜいしゃ》はことばをほしいままにするが、終始をすべくくることにつとめない。暦術家は年月を取りあげ、数術家は鬼神五運をたっとび、譜諜家《ふちょうか》はただ世代と諡号《しごう》を記すばかりである。いずれもそのことばは大まかである。もろもろの要領を一目で掌握したいものである。それゆえ十二諸侯を譜《しる》した。共和より孔子まで、『春秋』や『国語』にあらわれた学者の論ずる盛衰大旨を表にして篇《まと》めた。学問を完成し古文を修めようとする者のために、大要を選定した」

そのようにしてつくられた年表は、

周、魯、斉、晋、秦、楚、宋、衛、陳、蔡、曹、鄭、燕、呉

の国をとりあげている。よくかぞえてみると十四国ある。十二諸侯で十四国とはこれいかに、と問いたくなるところである。周は天子の国であり、魯は周王朝をひらいた武王の弟の周公旦《たん》が始祖の国であるから、別格ということであろう。

そもそも共和というのは、召公と周公というふたりの大臣が、周王の不在のあいだに政治をおこなった年号であると『史記』はしているが、『竹書紀年』(古本)は、共伯和なる人物が王位を干《おか》したという記述をもち、共和の年号はそこからきたのか、と考えさせられる。

さて、周王はどこへ行ったかといえば、国民にきらわれて彘《てい》というところに出奔してしまったのである。その周王は厲《れい》王といい、厲王の子が宣《せん》王で、宣王の子が幽《ゆう》王であり、幽王のときに西周王朝が滅亡してしまうことをおもえば、周王の威権のゆらぎは厲王からはなはだしくなったといえよう。

春秋時代を通観してみると、亡命者の多さに気がつく。

それは国内での政争のはげしさをあらわしており、政争に敗れた者は、他国の君主か顕貴の臣をたよって出国する。亡命者がどの国のどの家に保庇《ほひ》されたかを知ることは、歴史の表面に浮上しない関係をさぐるよすがとなる。多くの場合、自分の生母の実家をたよるのであるが、そうでない場合は、どういう信頼関係があったのか、考えてみるとおもしろい。

春秋時代でもっとも有名な亡命は、のちに覇者《はしゃ》となる斉の桓《かん》公・小白《しょうはく》が莒《きょ》という小国へゆき、そこで好機をうかがっていたことである。が、小白の生母は衛の人で、莒にはかかわりがない。それなのに小白は斉に近いとはいえない莒へ逃げた。その理由をあざやかに述べたものを、まだ読んだことがない。

車上の木主《ぼくしゅ》

中国の歴史に関心をもちはじめた人がとまどうことといえば、

——どの時代から中国史にはいってゆけばよいか。

ということではないだろうか。たとえば吉川英治氏の『三国志』を読んだ方は、三国時代に、司馬遼太郎氏の『項羽《こうう》と劉邦《りゅうほう》』を読んだ方は秦末漢初という革命期に、大いに興味をもたれたにちがいない。が、その両時代に大活躍した人々のたぐいまれな個性に魅了され、ドラマ性の豊かさになれてしまうと、他の時代が浅薄にみえ、小説化される以前の歴史そのもののおもしろさにまで手がとどかなくなる。真に中国史のおもしろさを知るには、やはり中国人の精神世界が物と遊離しすぎないところにあるものをとらえるのがよく、そういう点からいえば、商（殷《いん》）末周初という時代が、中国の原形をもっともわかりやすく呈示してくれているようにおもわれる。孔子の『論語』は中国人ばかりでなく日本人にとっても、精神のふるさとであるが、孔子自身は殷人の子孫であるといい、商と周とのちがいに言及することがすくなからずあるので、商という時代をふまえていると周の時代の良否がいっそうあざやかにみえるようになる。

わかりすぎるということはおもしろみのないことで、『論語』でも全語句が解明されているわけではなく、そこがまたその書物の魅力でもあるように、商王朝から周王朝にかわるころの事件や人物について、おびただしい謎《なぞ》が残されたままになっている。歴史とは巨大なミステリーだといっても過言ではあるまい。そのなかでも尤《ゆう》たるものは、商の紂《ちゅう》王を討つべく周を発した武王が、車のうえに木主を載せたことであろう。

それについて『史記』では、つぎのように記されている。

——文王の木主を為《つく》り、載《の》するに車を以《もっ》てし、中軍とす。武王はみずから太子発《はつ》と称す。

ここでいう文王とは武王の父である。武王は父が亡《な》くなると即位し、位牌《いはい》にあたる木主を元帥《げんすい》が載るべき車にすえたということである。武王自身は太子と称したのであるから、まだ即位していない体《てい》にした。ここがじつにわかりにくい。この時代、太子は王の嫡子であるというより、子、すなわち王子たちが、率いる軍団の総帥であるとおもったほうがよい。それはそれとして、なぜ自身が元帥にならずに、父の文王の木主を元帥にしたのか。そうせざるをえなかったから、そうした、というのが歴史である。つぎに、それを考えてみたい。

文王の生死

商王朝は紂王（帝辛《しん》）でおわり、周王朝は武王（発《はつ》）からはじまることは、よく知られている。

ここでふたりの父祖を書いてみる。

〔商〕武乙《いつ》——文（武）丁《てい》——帝乙《いつ》——帝辛
〔周〕古公——公季《こうき》——文王（昌《しょう》）——武王（発）

ふつう歴史書を読むとき、諡号《しごう》に武のつく人は、軍事を活発におこなったとおもえばよい。その点で、商王の武乙と文武丁とはさかんに兵を用いたことは想像するにかたくない（『竹書紀年』では文武丁は文丁と書かれる）。ではどこに兵をむけたかといえば、どうも周へ、ということらしい。その証左に『史記』の「殷本紀」に、武乙が黄河と渭水《いすい》の間で狩りをしているとき、雷に遭い、

——武乙、震死《しんし》す。

と、ある。

商王朝の本拠地は安陽のあたりで、狩りをするために、はるばると黄河をさかのぼり、渭水がそそぎこむあたりまでゆくとは考えにくい。その狩りは、遊びではなく、軍事のことであろう。渭水の北にいた周民族を攻めたのであろう。雷にうたれて死んだのが事実であるにせよ、商軍は周軍に敗退した。のちに周民族が「天」という命題をしめすことをおもえば、その天から落ちた雷で死んだことは、周軍に殺されたことを暗示しているのかもしれない。

そこで、武乙のあとをついだ文武丁は、周の君主である公季をたくみに招き、幽閉して殺した。それが商側の復讎《ふくしゅう》であるとすれば、周側では、幼くして即位した文王が成人になると武をふるい、商を攻めたにちがいない。武力における優位を周にゆずった帝乙は、和を講じ、文王に西伯という称号をさずけ、

「西方の統治はまかせる」

という盟《ちか》いをおこなった。しかし文王は兵をやすめず、中原《ちゅうげん》まで攻略した。そのことは『論語』に、文王は、

——天下を三分してその二を有《たも》ち、以《もっ》て殷に服事《ふくじ》す。

と、あることからわかる。

その周の猛威を払うために、帝乙の子の帝辛は文王を捕らえ、羑里《ゆうり》という牢獄《ろうごく》に投じた。問題はここである。『史記』では、文王は出獄したことになっている。ちなみに

『竹書紀年』(今本)では、帝辛の二十三年に文王は投獄され、二十九年にゆるされている。

だが、武王の木主の謎をもっともすっきりと解くには、文王が羑里で獄死し、死骸が周にとどけられなかったため、怒った武王が木主を立て、復讎のために出陣したと想像するのはどうであろうか。ただし、そうなると、わたしとしては小説を書き直さなければならなくなる。

破斧《はふ》の歌

夏《か》王朝のさいごの王は桀《けつ》といい、あるいは帝癸《き》ともいう。かれより三代まえの王を帝孔甲《こうこう》という。この王の在位期間は『竹書紀年』(今本)によると九年しかない。いや、九年は長いほうかもしれない。帝孔甲のつぎの帝昊《こう》(皐《こう》)の在位は三年であり、そのつぎの帝発《はつ》の在位は七年である。

帝孔甲について『史記』ではずいぶん悪く書かれている。

——好みて鬼神に方《くら》べ、淫乱《いんらん》を事《こと》とす。

と、いきなり性格の破綻《はたん》が述べられている。自分を鬼神のようにみせかけ、淫乱をつづけたということであろう。かれはまた竜の肉を食べた王としても有名である。それについて『史記』に略記されているので、興味のあるかたは読んでいただきたい。ここでとりあげるのはそのことではなく、帝孔甲をある小説のためにしらべようとしたことがあり、そのとき『竹書紀年』につぎのように書かれていたので、首をひねったことを憶《おも》いだしたのである。

三年　王畋于萯山

五年　作東音

この記述を読んだのは、中国の歴史小説を書きはじめてまもないころであり、なんのことやら、まったくわからなかった。いちおう読めることは読めた。三年、王は萯山《ふざん》に畋《かり》す。五年、東音《とういん》を作《な》す。読めても意味をつかめない。やがていろいろな史料にあたってゆくうちに、『呂氏春秋《りよししゆんじゆう》』にぶつかり、

——そういうことか。

と、すらりと解けた。帝孔甲の逸話なのである。帝孔甲が萯山で狩りをしているうちに、大風に遭い、民家で風をさけることにした。その家ではちょうど赤子が生まれたばかりであった。そこである人が、

「王がこられた日に生まれたとは、この子にとって大吉であろう」

と、いえば、ほかの人が、

「そうはゆくまい。この子にはかならず殃《わざわい》がある」

と、いった。帝孔甲は黙っていたが、なにをおもったのか、その子をもらいうけて宮殿に帰ってから、わしの子にすれば殃などあろうか、といった。その子が成人となったある日、天幕がゆれ、それを支えていた橑《たるき》が拆《さ》けて、斧《おの》のようなするどさで、その子の足を切断した。足をうしなったあと門番になったのである。帝孔甲は、ああ、これが運命か、と哀《かな》しみ、破斧の歌をつくった。それが東音、すなわち東方の音楽のはじめとなった。ただしこの記述通りだとすれば、帝孔甲の在位は九年のはずはない。

門番の活躍

劉邦の戦略を後方でささえつづけ、漢王朝の最初の丞相《じようしよう》となった蕭何《しようか》が、未央宮《びおうきゆう》を造営するときに、

「東闕《とうけつ》と北闕」

を造ったことが『史記』の「高祖本紀」に書かれている。闕は門のことにはちがいないが、楼観をそなえたもので、いわば天子の門である。が、闕は欠けるとも読むように、もとは都邑《とゆう》を造営するとき縄張りの欠けたところがすなわち門であった。都邑はふつう城壁をめぐらせており、その城壁はきよめられていて、邪霊をうけつけぬものである。邪霊の侵入口は門しかない。そのため門扉《もんぴ》に犬の皮をはりつけて邪霊を祓《はら》うようなことをした。その門を守る者は、古代では足をうしなった者ときめられていたようである。

さすがに戦国時代になるとそういうことはなくなった。おもしろいことに、門番には賢人がいるのである。たとえば『史記』の「魏公子列伝」に、

「侯嬴《こうえい》」

の名がみられる。魏公子というのは魏の安釐《あんき》王の弟の信陵《しんりよう》君・無忌《ぶき》のことである。信陵君は、夷《い》門とよばれる東門の番人をしている七十歳の老人のことをきき、かれを食客

に迎えようと贈り物をもたせて人をやるのだが、ことわられ、とうとう自身ででかけた。侯嬴はわざといやがらせをして信陵君の器量をためしたすえ、宴席にゆき、上席にすわって信陵君をほめた。のち信陵君は姉の夫である趙《ちょう》の平原君が秦《しん》に攻められて苦境にあるのを知り、侯嬴に咨《はか》って魏軍をいつわって掌握し平原君を助けるのである。その義俠《ぎきょう》は天下の人を感動させたが、安釐王をあざむいて出陣をすすめた侯嬴はみずから首を刎《は》ねたのである。

司馬遷は門番に同情があるのか、「酈生陸賈《れきせいりくか》列伝」では、

「酈食其《れきいき》」

の名をあげている。かれは陳留《ちんりゅう》県高陽郷の出身で、侯嬴とおなじく家が貧しいため、村里の門番をしていた。秦が二世皇帝の代になり各地で叛乱《はんらん》が起こると、陳留県の高陽を通過した将が数十人いた。酈食其はそれらの将をたずねては失望をくりかえした。やがて陳留に近づいてきたのが沛《はい》公（劉邦）である。酈食其は同郷の子弟が沛公の配下であることを利用して、沛公に謁見《えつけん》した。そのとき沛公は足をなげだし、その足をふたりの女に洗わせたまま引見しようとしたので、酈食其はその無礼をとがめ、かえって沛公に気にいられて、沛公の謀臣として活躍することになるのである。

門を守るうちに智《ち》がたくわえられるというのであれば、それはなぜであるか、考えてみるのも悪くない。

春秋時代の軍師

春秋時代の前期から中期までは、北の晋《しん》、南の楚《そ》の南北対決が、中国の特徴的様相であった。その両大国は三度の決戦をおこなっている。はじめの激突は、紀元前六三二年で、戦場は濮水《ぼくすい》の南の城濮《じょうぼく》であったので、

「城濮の戦い」

と、よばれる。晋の文公と楚の成王との戦いでもあったのだが、晋が大勝した。その勝利により晋が中国の盟主の国になるきっかけをつかんだ重要な戦いである。つぎの衝突は、紀元前五九七年で、戦場は黄河南岸の邲《ひつ》である。

「邲の戦い」

は、晋の景公と楚の荘王の戦いでもある。これは晋軍が惨敗《ざんぱい》した。楚が中国の覇権《はけん》を名実ともに掌握したのは荘王のときだけである。それほどこの王はすぐれていた。さいごの決戦は、紀元前五七五年で、戦場は洧水《いすい》の北岸の鄢陵《えんりょう》である。

「鄢陵の戦い」

は、晋の厲《れい》公と楚の共王の戦いである。ついでにいえば、厲公は景公の子であり、共王は荘王の子である。じつはこの戦いのまえに、それぞれの国で内乱があり、晋の名門

である伯宗《はくそう》の子の伯州犂《はくしゅうり》は楚へ亡命し、楚の名門である伯棼《はくふん》の子の賁皇《ふんこう》は晋へ亡命していた。賁皇は晋で苗《びょう》という食邑をあたえられるので、苗賁皇とよばれる。おもしろいことに、鄢陵の戦いのときに、伯州犂は楚の軍師に、苗賁皇は晋の軍師になるのである。この戦いは、『史記』の「晋世家」と「楚世家」に、『春秋左氏伝』の「成公十六年」をつきあわせて読むと、春秋期の戦争が目のまえで展開されるように感じられるほど詳細があきらかになる。ところで、伯州犂についてであるが、かれは国士であるといわれる。

国士というのは国のなかで傑出した人物のことで、晋の諸将は、

――国士在《あ》り、かつ、厚し。当たるべからざるなり。（『春秋左氏伝』）

と、伯州犂が楚王の近くにいて、楚の陣が重厚であるから、攻撃すべきではない、と口をそろえていった。ついでにいえば、国のなかでもっともすぐれた人物のことを、国士無双《むそう》、というのは『史記』の「淮陰侯列伝《わいいん》」にあり、要するに蕭何《しょうか》が韓信《かんしん》をほめたときにつかった語である。

伯州犂に対する苗賁皇は、おそらく天才兵法家ではないかとおもわれる。春秋時代は占いによって開戦か否《いな》かを決するので、戦法、戦術の幅がせまいが、春秋前期の晋の士会《しかい》、中期の苗賁皇が兵法においてすぐれ、後期になってついに、呉《ご》に孫子、すなわち孫武《そんぶ》があらわれるのである。

開戦直前の光景

鄢陵《えんりょう》の戦いには、その前後をふくめて、当時の中国の慣習や思想が端的にあらわれている。まず、鄢陵へむかう楚の将軍の子反《しはん》は、途中で、賢臣の申叔時《しんしゅくじ》に会い、

「この出兵をどうおもわれるか」

と、問うた。申叔時はその慧智《けいち》を霸王《はおう》の荘王に愛された老臣で、かれの慧眼には、目のまえの楚軍はすでに敗色が濃いとうつったのであろう。

「戦いには、徳、刑、祥《しょう》、義、礼、信の六つが不可欠であるのに、楚にはそれがない」

と、はっきりいい、子反にむかって、ふたたびあなたにお目にかかることはあるまい、と別れを告げた。事実、楚軍は敗退し、その責任を痛感した子反は自殺することになる。さきの語のうち、祥は神霊がくだす祥い《さいわ》のことである。

　楚軍をなかからみたのが申叔時であるとすれば、そとからみたのが、鄭《てい》の大夫《たいふ》の姚句《ようこう》耳《じ》である。鄭はこのとき楚の盟下にあり、この国の向背が鄢陵の戦いを招いた。姚句耳は楚軍の出動を乞うてから帰国した。そのとき大臣の子駟《しし》に、楚軍はどうか、と感想をもとめられた。

その行くこと速《すみ》やかにして、険を過ぐるに整《ととの》わず。速やかなればすなわち志を失い、整わざれば列を喪《うしな》う。はた何を以《もっ》て戦わん。楚懼《おそ》らく用いるべからざるなり。

右が応答の全文である。『春秋左氏伝』にある。楚の行軍は速いが、けわしい地形をすすむ場合、隊列が整っていない。速ければ思考を失い、軍が整わなければ列を失う。そういう軍に戦いができようか。楚はおそらく信用すべきではありますまい。「速やかなればすなわち志を失い」は、人生の教訓としても生かせそうである。

ついに開戦直前となり、楚の共王が巣車《そうしゃ》とよばれる高い兵車から、晋軍をみおろし、うしろにひかえている伯州犂《はくしゅうり》に問う描写が『史記』にないのは残念である。その問答は『春秋左氏伝』にあり、順を追ってゆくと、長くなるので、晋軍の動きを略記してみる。

兵が左右に走りはじめた。軍吏に召集がかけられたのである。やがて軍吏は中軍に集まり謀議がはじめられた。幕が張られた。それは勝負を占うためである。幕が払われると、命令がくだされる。兵は井戸を埋め、かまどをこわしたため、土煙があがった。兵車に乗った三人のうち、右と左の者が武器をもって降りた。誓いをきくためである。二人は乗車してからまた降りて祈った。こうして開戦をむかえるのである。

風と雨

余談をさしはさみたい。

司馬遼太郎さんが亡《な》くなられたからである。

司馬さんはいうまでもなく『項羽と劉邦』の作者である。その作品は「小説新潮」に連載されているときは、たしか「漢の風　楚の雨」という題であったように記憶している。劉邦が風であり、項羽が雨である。その風雨の時代が描かれている。

中国では春秋時代に雨期があったことは『春秋左氏伝』を読むとわかる。中原《ちゅうげん》で雨が多く降る季節があったということは、楚という南国ではもっと雨が多く、期間も長かったにちがいない。雨期があれば乾期がある。人ではどうにもならない気候の変化と四季のうつりかわりは、天に支配されるところであり、それが項羽の運命に投影されている。

一方、漢の風はどうか。劉邦自身は、

——わしは楚人である。

といっていたように、漢（漢中）は出身地ではない。項羽によって漢王の身分をさずけられたため、かれの王朝名が漢になったのである。風は、劉邦に「大風《たいふう》の歌」という詩があるところから発想されたものであろう。

大風起こって雲飛揚す
威は海内に加わって故郷に帰る
いずくにか猛士を得て四方を守らしめん

この歌は『史記』の「高祖本紀」にある。叛乱をおこした黥布《げいふ》を討ったあと、故郷の沛《はい》に立ち寄った劉邦は、友人、知人、父兄、子弟を招いて酒宴をひらき、酒たけなわのときにみずから筑《ちく》を打って歌ったものである。沛の児童を百二十人集めてあったので、その児童にこの歌をおしえ、自分は立って舞った。

——慷慨《こうがい》して懐《おもい》を傷《いた》ましめ、泣数行下《なみだくだ》る。

風雲にのってかずかずの戦場を駆けぬけてここにいたったという万感のおもいが胸にきて、おもわず涙をながしたのであろう。とくに劉邦は、危機一髪のところで、にわかに起こった烈風により救われた人である。風にたいするおもいは格別であったろう。

風土といういいかたがある。

風も神であり、その風によって教化され支配される地が風土なのである。風は四方八方から吹く。その恣意《しい》的なうごきは、むしろ項羽の生涯に似ており、天命ということを知っていた劉邦に、じつは楚の雨がにあうという逆説を司馬さんの作品はそなえているように感じられる。名作である。

精神の所在

さらに司馬遼太郎さんについて書いてみたい。

司馬さんにお目にかかったとき、

「孟嘗君《もうしよう》のような三流の人物を、よくあそこまで書いたね」

と、おっしゃった。拙著に『孟嘗君』という小説がある。『史記』には「孟嘗君列伝」がある。それを読むと司馬遷は多少のひややかさをもって孟嘗君を書いている。が、三流の評価は両司馬氏がくだしたわけではなく、『漢書』以後にそうなったのであろう。いわば中国人の認識であり、それを司馬さんはおかしみをこめて踏襲なさったのであろう。

司馬さんの漢籍への造詣《ぞうけい》の深さはおどろくべきもので、それとはべつに、塞外《さいがい》の民へ大いなる同情をもたれた人である。

中国人は古代においてすでに高い城壁を築く技術を身につけ、その城壁で四方を囲み、そのなかで暮らすようになった。秦の始皇帝が中国を統一してからもその風習は消えず、中国そのものを長い城壁で囲もうとした。つまり中国人の生命と精神はつねに塞内で保たれてきた。そのことが生命力と精神力の衰退を招いたのではあるまいか。司馬さんは、

「中国の歴史は逆ピラミッドだよ」

と、実際に虚空《こくう》に逆三角形を指でお描きになった。古代のほうがひろがりがあり、漢の武帝の時代に儒学が権威をもつと、

「あとは古代、ずーっと古代」

と、おもしろい表現をなさった。たしかに儒学の本質には、尚古、があり、その儒学を知らなければ官途に就けないとなれば、ほかの学問はおとろえるだけになってしまう。司馬さんはおそらく拘束された精神をきらっておられたにちがいない。とくに朱子学を否定する発言をなさったのもうなずける。司馬さんが欲しておられたのは豊かな精神であり、その精神は春秋時代を経て戦国時代でほぼ尽きようとする。それなら、長城の外で草原をのびのびと疾駆する民のほうがおもしろいということになる。

それはそれとして司馬さんの漢語のつかいかたは絶妙である。小説の題名も『胡蝶《こちょう》の夢』のように『荘子《そうじ》』からとられたものもあり、また『翔《と》ぶが如《ごと》く』は、『詩経』「斯《し》干《かん》」の、

翬《きじ》の斯《こ》れ飛ぶが如し
君子の躋《のぼ》る攸《ところ》

を想起させてくれる。『花神』も花をつかさどる神をあらわす漢語からきている。司馬さんの日本の歴史小説を読みながら、じつは中国の歴史通になっているのが読者の実態ではあるまいか。司馬さんの恩恵ははかりしれない。

正統と正当への考察

『史記』をくりかえし読んでいると、些細《ささい》なことが気になるときがある。「列伝」においてもそうで、司馬遷の人生の主題と思想とを展開すべく、人物評伝が配置されているにちがいないが、時間というものも考慮されており、「列伝第一」は「伯夷《はくい》」である。

伯夷は商（殷《いん》）が滅び周が王朝をひらこうとするころの人であるから、紀元前十一世紀があつかわれている。それ以前の人は、列伝をながめわたしてみてもいないので、伯夷がもっとも古い時代の人であるということで、第一に置かれた。が、この列伝第一に登場するのは、伯夷ばかりでなく叔斉《しゅくせい》という弟であり、この叔斉は、父の命令で君主の後嗣となるが、兄をさしおいて君主にはなれぬといい、兄に位をゆずろうとする。兄は、父の命令である、といい、国を去る。叔斉はその兄を追いかけて、やはり君主の位を棄《す》てて出国する。つまり、叔斉あっての伯夷の美談だとおもわれるのに「伯夷叔斉列伝」としなかったのは、なぜであろう。むろん司馬遷の主題が伯夷にこそあれ、叔斉にはなかったからであろう。もっといえば、伯夷の思想と行動には絶対があるが、叔斉のそれには相対しかないということであろうか。あるいは、司馬遷の思想には、

――正統と正当とは何であるのか。

という省察が強力にあり、その目で伯夷叔斉の故事を照らした場合、国益のためにその正統をはずされた伯夷の怨《うら》みと悲しみとが色濃く浮きあがってきたにちがいない。じつはそれに似ていながら、非なる話が、「周本紀」にある。周は古公《ここう》という君主の代に繁栄の基礎を築いた。その古公が末子の季歴《きれき》にあとを継がせようとした。それを知った長子の太伯《たいはく》と次子の虞仲《ぐちゅう》は、周をでて、南方へ奔《はし》り、国を樹《た》てた。その国が呉《ご》であるという。しかしながら、末子の季歴はふたりの兄の行動に殉ずることなく、君主となったのである。

司馬遷の性情としては、当然、太伯に同情があろう。それゆえ、といっては強引すぎるかもしれないが、「世家」、すなわち諸侯の歴史の第一は、「呉太伯世家」なのである。それすなわち列伝の第一の伯夷と、世家の第一の呉の太伯とはみごとに符合しており、それを第一に置かねばならぬ理由は厳然とあったといわねばならない。さらにいえば、列伝は西周期の人物をひとりも採らず、列伝第二は春秋期の管仲《かんちゅう》と晏嬰《あんえい》という、いわば周王朝にかわる主権の近くにいた者に主眼をうつしたことも重要な意味あいがあろう。臆断《おくだん》すれば、司馬遷は、季歴の子孫が樹てた周王朝に正統と正当とを認めなかったのではあるまいか。

魏公子兵法《ぎこうし》

些細《ささい》なことが気になるという、つづきである。

ここで列伝名をならべてみる。

「伯夷」「管晏《かんあん》」「老子韓非《かんぴ》」「司馬穰苴《じょうしょ》」「孫子呉起《ごき》」「伍子胥《ごししょ》」「仲尼弟子《ちゅうじていし》」「商君」「蘇秦《そしん》」「張儀《ちょうぎ》」「樗里子《ちょりし》甘茂《かんも》」「穰侯《じょう》」「白起《はくき》王翦《おうせん》」「孟子荀卿《じゅんけい》」「孟嘗君《もうしょう》」「平原君虞卿《へいげんぐけい》」「魏公子」「春申君《しゅんしん》」（後略）となり、春申君が第十八にあたる。

そのなかで孟嘗君・平原君・魏公子・春申君は、戦国の四君とか四公子とかよばれる。ところで魏公子とは魏の公子のことであるから、かぞえられないほど多くいるはずであるが、内容をみると、あきらかに信陵君《しんりょう》ひとりを指している。それならなぜ司馬遷は「信陵君列伝」と書かなかったのであろう。その点について多少のひっかかりをもってきた。

岩波文庫の「史記列伝」にある小川環樹《たまき》氏の注によると、ふたつの理由が考えられるという。ひとつは、司馬遷が生きていた前漢の時代に、

「魏公子兵法」

という二十一巻より成る兵法書があり、それが世によく知られていたことである。戦

国末期の秦軍というのは、ほとんど無敵といってよく、そういう天下最強の軍を信陵君は二度も破り、威名を天下にとどろかせた。また、漢王朝は秦王朝にかわって興《おこ》ったのであるから、信陵君がおこなった痛快事をもてはやす風潮は熄《や》んでおらず、信陵君兵法を魏公子兵法とよびならわしていたため、司馬遷はあえてそれにさからわず、魏公子の名称を使用したのであろう。

ほかの理由に、漢の高祖が信陵君を尊崇《そんすう》していたことがあげられる。「魏公子列伝」には、

――高祖之《これ》を過ぎる毎《たび》に、民をして奉祠《ほうし》して絶えざらしむるなり。

と、あり、高祖・劉邦《りゅうほう》が魏の首都のあった大梁《たいりょう》を通りかかるたびに、信陵君を祭らせ、その祭りが絶えぬようにさせた、というのである。小川氏は信陵君の廟《びょう》は魏公子の名で知られていた、と述べておられる。

なるほど、というほかない。

その兵法で気がついたのであるが、司馬遷はおどろくべき兵法好きである。かれの先祖の司馬憙《き》は中山《ちゅうざん》国の宰相であったし、司馬錯《さく》は秦の将軍であった。すなわち司馬遷の意識のなかにふたつの職があり、天職とよんでよいのは、伝説のなかの遠祖の重黎《ちょうれい》がそうであったように、天地の秩序の守り手となる聖職であり、ほかのひとつは、兵馬をつかさどる職である。そのどちらにも精通していなければならぬというのが、司馬遷の自

覚であったにちがいない。

怪人・烏余《うよ》

『史記』の記述は紀伝体とよばれる。

「本紀」と「列伝」とで成り立っているからそうよばれるのであるが、紀とはもともと糸をまきとる道具のことであるらしい。したがって歴史のなかですじみちをみつけて記すことを紀という。伝については、大きな袋を運ぶことが原義であると『字統』にはある。

日本には、箸《はし》にも棒にもかからぬ、という表現があるが、歴史において、紀にも伝にもかからぬ人物がいる。

たとえば、春秋中期にあらわれた烏余という大夫《たいふ》がそれである。実際に烏余が食邑《しょくゆう》をもつ中級貴族の大夫であったかどうか、確証はないが、『春秋左氏伝』に、

——斉《せい》の烏余、廩丘《りんきゅう》を以《もっ》て晋に奔《はし》る。

とあるからには、烏余が廩丘の地を治めていたにちがいないのである。廩丘はただの丘ではなく、丘のうえに邑《まち》がある。位置とすると黄河と濮水《ぼくすい》のあいだにあり、濮水寄りである。東方の大国である斉に属する邑としてはもっとも西にあったといえる。その廩丘の邑の支配者である烏余が、斉に離叛《りはん》して晋に服属しようとしたというのが「廩丘を以て晋に奔る」という表現である。

いわば謀叛《むほん》である。

なぜ烏余がそういう行動にでたか。

そのときの斉の国情はこうである。君主は荘《そう》公といい、暴君である。かれは紀元前五五〇年に大軍を催して晋を攻めた。烏余の離叛はその前年であるから、斉晋の戦いにはかかわりがないらしい。荘公の批判者であったことは充分に考えられるにせよ、晋に誼《よしみ》を通じてからの烏余の行動には理解に苦しむ。

かれはすぐに兵を率いて、南隣の邑である羊角《ようかく》を攻めた。羊角は衛《えい》に属する邑である。それを攻め落とすと、兵を東にむけて、高魚《こうぎょ》に攻めかかった。高魚は魯《ろ》の邑である。攻撃しているあいだに大雨が降り、城壁に排水の口がひらいたので、烏余はそこから邑内にはいり武器庫を侵《おか》して、激闘のすえ、高魚を取った。かれとその兵はそこでやすまず南下をはじめ、宋の一邑を攻略した。そこまで二年を要した。

衛、魯、宋は晋の盟下にある国である。それらを攻めた烏余は、なにを望んでいたのか。かれは新興の国をつくり君主となり諸侯のひとりとして晋と周王室に認めてもらいたかったのであろうか。けっきょく烏余は、

「なんじの封邑を受けとるがよい」

と、晋にいわれ、晋の使者に会ったとき、捕らえられた。烏余の国は二年半のうちに興亡した。

二桃《とう》三士《し》を殺す

斉人の烏余が晋によって処罰された年に、斉では、荘公が宰相の崔杼《さいちょ》に暗殺されている。

荘公は崔杼に養育された人であるだけに、崔杼に昵狎《じっこう》する程度がはなはだしく、崔杼の妻をも身内のごとくあつかい、玩弄《がんろう》するにおよんで崔杼の怨《うら》みを買ったのである。それによって崔杼は大逆者となり、歴史に汚名を残してしまったが、それ以前のかれの事績を冷静にみると、荘公の父の霊《れい》公を輔《たす》けてすぐれた政治をおこなっている。あるいは名宰相とよんでさしつかえないほどであったのに、荘公暗殺の行為がかれの名声を地に殞《お》としてしまった。崔杼の独裁政治がはじまったころ、朝廷で頭角をあらわしはじめたのが、晏嬰《あんえい》という大夫で、管仲《かんちゅう》以来の名宰相という栄冠をかぶることになる男である。かれはふつう晏子《あんし》とよばれる。わたしが『晏子』という小説を書いたあと、読者から手紙がきた。その文面はおよそこうである。

「二桃三士を殺す、を、どうあつかわれるのか楽しみにしておりましたが、本文にないのが残念でした」

日本の読者がいま中国史にたいしてどれほどの理解力をもっているか、それをしめす見本のような手紙であるが、まてよ、とおもった。この人は晏子の逸話集というべき『晏子春秋』の愛読者というより、やはり『三国志』の愛読者ではあるまいか。どういうことかといえば、若き日の諸葛孔明《しょかつこうめい》はこのんで「梁父吟《りょうほぎん》」を歌っており、その歌の内容は、

一朝讒言《ざんげん》を被《こうむ》れば
二桃もて三子を殺す
誰《たれ》かよくこの謀をなす
相国《しょうこく》斉の晏子なり

というもので、晏子が二つの桃をつかって三人の士（子）を殺した故事をあつかっている。三人の士とは公孫接《こうそんしょう》、田開疆《でんかいきょう》、古冶子《こやし》であり、三人は虎《とら》を打ち殺すことのできる剛力の士であったのだが、君主・景公（荘公の弟）の愛顧を誇り、宰相である晏子をあなどった。そこで晏子は景公に三人を君側からしりぞけるように献言したが、景公でさえ三人に手を焼きはじめたことを知り、一計を案じた。三人に二つの桃を贈ったのである。

「三人が功をくらべあい、桃を食されよ」

晏子の使者にそういわれた三人は、すぐさま功を誇りあい、ついに公孫接と田開疆は古冶子の勇気におよばないことを恥じてそれぞれ首を刎《は》ねて死んだ。それをみた古冶子も二人を殺すことになったことを悔やんで自殺した。わたしの小説にその逸話をいれなかったのは、後世の創話の臭いが濃いことと、小説の流れに適《あ》いにくかったからである。

婦と妻

まえに読者からの手紙を紹介したが、こういう書き方をした読者がいた。

——わたしの家内は、いうまでもなく、婦ではなく妻です。

これには、にっこりせざるをえない。そうとうに中国古代史にくわしくなった人である、とおもったからである。たとえば王の奥方のことは、王婦というが王妻とはいわないように、婦は身分の高さをふくんでいる。『史記』の「五帝本紀」に、帝堯《ぎょう》が自分のふたりの娘を舜《しゅん》にあたえ、その後の生活ぶりを観察するところがある。帝王の娘が庶民同然の舜に嫁《か》したのであるから、出自の尊さを鼻にかけてもおかしくないのに、ふたりは舜の親や弟におごり高ぶって接するようなことをせず、夫の舜にもみごとに仕えた。それが、

——堯の二女《じょ》、あえて貴きをもって舜の親戚《しんせき》に驕事《きょうじ》せず、はなはだ婦道有《ふどうあ》り。

という記述である。妻が当然おこなわなければならぬ道を、妻道とはいわず婦道というう。

妻は名詞というより動詞としてもちいられた。

たとえば、『史記』の「晋《しん》世家」に、晋国内の難をのがれた恵公・夷吾《いご》（重耳《ちょうじ》の弟）

が、梁《りよう》という小国に住むようになると、その国の君主の娘と結婚した。

——梁伯、その女《じよ》をもって之《これ》（夷吾）に妻《めあわ》す。

そういうふうに妻の字をつかうのが正しいのであろうが、戦国時代には妻は名詞になっていて、たとえば『孟子』には、

——王の臣に、その妻子をその友に託して、楚にゆきて游《あそ》ぶ者あり。

と、ある。が、身分の高い人の妻は、夫人といういいかたをする。婚約してとつぎ先の家に落ちつくまでを婦といい、それからを夫人という呼称のありかたが、春秋・戦国時代には定着したようである。

それはそれとして女の本名は歴史書のなかにほとんどといってよいほどあらわれない。実家の姓と婚家の氏がくみあわされてでてくる場合が多い。「夏姫《かき》」という美女がよい例である。夏氏にとついだ姫姓の公女ということしかわからない。清《しん》の時代に編まれた『春秋大事表』のなかに「春秋列国姓氏表」があり、そこには二十一の姓が記されている。

姫・姜《きよう》・子《し》・姒《じ》・風《ふう》・祁《き》・嬀《き》・姞《きつ》・任《じん》・嬴《えい》・己《き》・偃《えん》・妘《うん》・曹《そう》・芈《び》・熊《ゆう》・曼《まん》・帰《き》・隗《かい》・允《いん》・漆《しつ》
姫は周王室にゆかりのある姓であることから、日本でも貴女のことを姫《ひめ》という。

宣太后と穣侯《じょう》

いつもながらふしぎだとおもうのは、『史記』の「穣侯列伝」である。穣侯とその姉弟の出自が理解しがたいのである。その部分を書き写してみる。

昭王の母は、故号《もとごう》して羋《び》八子《はっし》と為《な》す。昭王位に即《つ》くにおよびて、羋八子を号して宣《せん》太后《たいこう》と為す。（中略）宣太后に二弟《てい》あり。その異《い》父長弟《ふちようてい》を穣侯と曰《い》う。姓は魏《ぎ》氏、名は冄《ぜん》。同父弟を羋戎《びじゆう》と曰い、華陽君《かようくん》と為す。

ここにあらわれた名は、昭王、羋八子、宣太后、穣侯、魏冄、羋戎、華陽君である。さらに整理してみる。

昭王の母＝羋八子＝宣太后＝穣侯・魏冄の異父姉＝華陽君・羋戎の同父姉

これを系図として書きかえてみる。ただし補足が必要であろう。まず昭王というのは、戦国時代の秦《しん》王のひとりで、父は恵文《けいぶん》王である。また、羋八子の羋は楚《そ》王室の姓で、八子は秦における妃の爵《しやく》号である。さほど高い爵位ではないとおもえばよい。

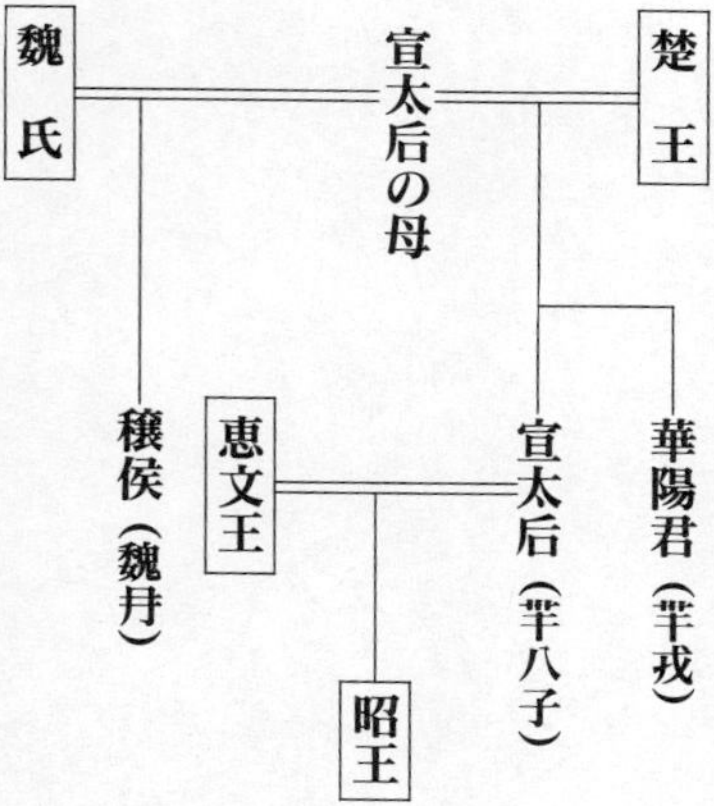

　華陽君が穰侯より年長であれば、わかりやすいのだが、宣太后と華陽君のあいだに穰侯がいることで、複雑になっている。まず、宣太后の母は楚王に嫁した。はじめに女の子を産んだ。その女の子がのちの宣太后である。ところが宣太后の母は楚王のもとから去り、魏氏にとつぐことになった。魏氏とのあいだにできた子が、のちの穰侯である。奇妙なのは、宣太后の母はふたたび楚王に嫁し、華陽君を産む。むろん、そのようなこ

とは一語も『史記』に書かれていない。が、そうでなければ、つじつまがあわないのである。それにしても、納得しがたいことである。

宣太后の母は、楚王でもだれに嫁したのであろう。娘が恵文王に嫁したのであるから、恵文王より前の代をみると、楚王は宣王か威《い》王である。宣太后の宣は楚の宣王からきたのであろうか。とにかくその姉弟の経歴をあきらかにする手がかりを、もうすこし司馬遷に緝《あつ》めてもらいたかった。

閏月《うるうづき》の置きかた

秋山駿氏の『信長』の最終章は「本能寺の変」である。そこに、暦における閏月のさだめかたに信長が容喙《ようかい》したことが記されていたので、まことにおもしろく感じた。

どういうことかというと、当時、暦にふたつあって、ひとつは朝廷のだす京暦で、ほかのひとつは三島大社のだす三島暦であった。関東は三島暦なのである。そのふたつの暦は、閏月の置きかたに相違があり、京暦が天正十一年の正月に閏月を置くのにたいして、三島暦は天正十年の十二月に閏月を置く。そのことが天正十年の年頭から問題になり、信長は、

「十二月に閏月を置くように」

と、朝廷に申しいれた。つまり、朝廷の暦を否定した。

ところで、『論語』のなかに、古代の聖王である堯《ぎょう》が、庶民出身の舜《しゅん》に王位をゆずるとき、

――天の暦数《れきすう》、爾《なんじ》の躬《み》に在り。

と、いったと記されている。この場合、

「天のさだめはなんじの身にある」

と、訳すのがふつうである。が、暦数というのは、暦の作りかた、といってよく、すなわち暦を作る者こそが天下の主権者なのである。それをふまえれば、信長が朝廷の暦を否定したことは、天下の主権者とは自分であると明言すると同時に新時代の到来を宣言したようなものであったろう。

とはいえ、信長の創見とみられるもののなかに、中国の思想がみえかくれしていることはいなめない。この場合も、じつはそうである。

閏月の置きかたは、中国の古代でも、難問題であった。『史記』のなかの「暦書」は、

——邪《よ》(余)を終りに帰す。

と、書いている。閏余《じゅんよ》を年のさいごにもってゆくべきだという。

春秋時代、魯《ろ》の文公元年(紀元前六二六年)に、閏月を三月に置いた。それについて『春秋左氏伝』の著者は、礼に合っていない、と非難している。『春秋左氏伝』の著者が戦国期の人であれば、戦国期以降の伝統的な暦のさだめかたというのは、冬至を基準とするということになる。つぎに、十二気のうちの中気とよばれるものをそれぞれの季節の中心に置くようにする。あまった日数を年末に置けば、行事が混乱することはない、というのである。冬至を基準にするのは、もちろん周暦であるが、信長がどういう暦をつくろうとしていたのかは天正十年の六月に死去したことにより、不明となった。

暦のはじめ

正しい暦をつくることは、どの王朝も悩みの種であった。暦の正しさが、その王朝の正統性を高めることにつながる、といっても過言ではない。『史記』の「五帝本紀」にしたがって暦に関することがらをみると、まず、黄帝の時代には、

「五気を治める」

ということがおこなわれた。五気は、五行の気ということで、木・火・土・金・水という宇宙を構成する要素を季節にあてはめたということであろう。ただし五行の研究と黄帝の事績の検索は、戦国時代の斉《せい》の国で盛んにおこなわれたことで、たとえば戦国時代よりまえの春秋時代には黄帝の名が文献にあらわれないことを考えれば、その信憑性《しんぴょうせい》を多少割り引いて考えたほうがよいかもしれない。

黄帝からはるかに時代がさがって帝尭《ぎょう》があらわれる。

ここではじめて暦がつくられる。

暦の作成を尭より命じられたのは、羲仲《ぎちゅう》と和仲《かちゅう》のふたりである。そのあたりについて『史記』は、

——羲和に命じ、敬《つつし》みて昊天《こうてん》に順《したが》い、日月星辰《せいしん》を数《かぞ》え法《のっと》り、敬みて民に時を授けしむ。

（中略）歳《とし》三百六十六日、閏月をもって四時《しじ》を正す。

と、書いている。

一年を三百六十六日とするというのが、紀元前二〇〇〇年以前の帝堯の時代にさだめられたというのである。ところでその文にある「数法」という語が、「暦数」につながるのである。しかも、一年を三百六十六日にすると過不足が生ずるので、閏月を置くということも、ここで認識されている。

帝堯から位をゆずられた帝舜には、

「璿璣玉衡《せんきぎょくこう》」

とよばれる天体観測機があったらしい。つまり帝舜は暦数を自身でにぎり、臣下にそれをまかせなかった。帝舜のもとには名臣がずらりとならんでいたが、暦の数法をかれらにさずけた記事は『書経』にもみあたらない。けっきょく帝舜は臣下のなかから禹《う》をえらんで後継者とした。暦の数法をさずけたのは、そのときであろう。禹は夏《か》王朝の始祖となる。夏王朝の暦を夏暦という。日本の陰暦のもとになったのが、じつはその夏暦である。孔子は周王朝のよさを強調した人であるが、

「暦は周暦より夏暦のほうがよい」

と、いった。実際、いまの日本でも陰暦で仕事をおこなっている人がすくなからずいる。自然のリズムに適《あ》っているということであろう。陽暦は日数をあわせるため、頭で

つくった暦という感じがしないでもない。

禅譲《ぜんじょう》の思想

中国の戦国時代のなかばに、燕《えん》の国で大乱が起こった。

この乱の深いところに、新興の思想があったとおもわれる。

燕はいまの北京《ペキン》に首都をおいていた戦国七雄のひとつで、燕の君主が王を称するようになったのは、易《えき》王のときである。易王と同時代の他国の君主をみると、秦の恵文王、魏の恵王、楚の威王、斉の威王などである。さて、その易王の子が噲《かい》である。『史記』では「燕噲」と書かれている。この王が問題の人なのである。

あるとき燕噲に鹿毛寿《ろくもうじゅ》という男が近づいた。この男は正体不明である。燕噲の臣下というより、説客《せっかく》であろう。かれが王に説いたことばは『戦国策』にあり、それを司馬遷が借りて『史記』に載せている。


国をもって相《しょう》の子之《しし》に譲《ゆず》るに如《し》かず。人の尭《ぎょう》を賢と謂《い》うは、その天下を許由《きょゆう》に譲りしをもってなり。許由受けず。天下を譲るの名有《あ》りて、而《しか》も実は天下を失わず。今、王、国をもって子之に譲らば、子之、かならずあえて受けざらん。これ王、尭と行《おこない》を同じくするなり。

主旨はあきらかであろう。禅譲である。

有徳者に王位をゆずるという例が太古にあったという学説は、斉の威王のひざもとである臨淄《りんし》で生じたとおもわれる。黄帝の存在を喧伝《けんでん》したのも、斉の学者であろう。威王は大志をもっており、自身が大業をなして、王を称したいとおもっていても、王とは周王を措《お》いてほかにはいないという伝統的な考えにはばまれた。が、禅譲という王位継承が過去にあったと知り、意を強くし、ついに王を称した人である。禅譲とは、革命思想である。その思想が北の燕まで波及した。

燕噲のときの宰相を子之という。

その子之に国王の位をゆずっても、許由が帝堯の禅譲を避けたように、けっして子之は受けないので、禅譲をすべきである、と鹿毛寿は説いた。もっともなことであると考えた燕噲は国を子之にまかせた。

――子之は南面して王の事を行う。

と、『史記』にあるから、子之は王位にのぼったのである。燕噲は愚かな人であったろうか。子之が善政をおこなえば、これは美談となり、禅譲を説く思想家の勝利となったであろう。が、けっきょく大乱が国内に生じたことで、思想家ははげしい挫折《ざせつ》をあじわった。

昭王の正体

燕は中原《ちゅうげん》からはなれたところにある国のせいか、その歴史がまことにわかりにくい。ただし、その国が光輝をはなったときがあった。

「昭王」

という名君が出現したのである。だがその王についてもわかりにくいところがある。まず『史記』の「燕召公世家」をみると、昭王の即位まで、つぎのような経緯がある。

燕は噲《かい》という王のとき大乱が生じた。宰相の子之《しし》が独裁政治をおこなったので、王位が簒奪《さんだつ》されることを愁《うれ》えた太子平《へい》が子之を攻めた。その攻防で数万の死者がでた。まさに国がふたつにわかれての激闘がくりかえされた。隣国の斉の王はそのとき威王の子の宣《せん》王であったが、かれは燕の大乱に乗じて燕を征服することを決意し、軍を発した。

——五旬《じゅん》にしてこれを挙《やぶ》る。

と、『孟子』にあるから、五十日で斉軍は燕を制圧したのである。

——燕君噲死す。斉大いに燕に勝つ。子之亡《ほろ》ぶ。二年にして燕人共《とも》に太子平を立つ。これを燕の昭王と為《な》す。

内乱に斉軍が介入したことで、燕噲と子之とが死に、太子平は生きのびた。その太子平が国の有力者の支持をえて王位に即《つ》き、昭王となった。わかりにくいところはない、といっては、『史記』を読んだことにならない。燕の隣国は、斉のほかに趙《ちょう》がある。「趙世家」の武霊《ぶれい》王十一年をみると、

——王、公子職《しょく》を韓《かん》より召し、立ててもって燕王と為す。

と、ある。つまり趙の武霊王は隣国の王の子が韓の国に人質としていることに目をつけ、その公子職を招き、燕に送りこんで、王位に即けた、というのである。

そういう矛盾は『史記』のあちこちにあり、いまさらおどろくべきことではないが、それにしても、昭王とは、太子平なのか、公子職なのか。私自身の推論としては、昭王は太子平である。趙の武霊王は自国の領地を斉にあたえるかわりに、斉軍が燕から撤退することを斉の宣王にもちかけ、その交渉を成功させるや、公子職を王位にすえた。ところが趙軍が燕国から去ると、燕の有力者たちは心を太子平に依《よ》せ、おそらく公子職を殺して太子平を迎立したのではないか。それが司馬遷の記述のニュアンスから感じとれることである。

が、歴史は複雑な様相をみせる。『竹書紀年』(古本)という史料がある。ここに、

——燕の子之、公子平を殺す。

と、書かれている。公子平はむろん太子平のことである。これを信ずると昭王は公子

職ということになり、現に、中国で発刊されている年表ではそうなっているが、私は納得しかねている。

かくされた怨《うら》み

戦国時代、秦の宰相をつとめた魏冄《ぎぜん》（穣侯《じょうこう》）の出自のわかりにくさを、まえに書いたことがある。くりかえすようであるが、魏冄の姉が宣《せん》太后（羋《び》八子《はっし》）であり、姉の子が秦の昭襄王（昭王）である。

昭襄王の四年に、楚の懐《かい》王の太子（横《こう》）が人質となって秦にきた。ところが翌年、この太子は秦の大夫といざこざを起こし、その大夫を殺して、楚へ逃げ帰った。それを不快に感じた昭襄王はつぎの年に、斉《せい》、韓《かん》、魏とともに楚を攻めた。そのつぎの年にも、秦は楚を攻めて大勝した。

恐れた懐王は、東方の雄である斉に太子を人質としてさしだし、和平交渉の仲介をたのんだ。そのことも昭襄王の癇《かん》にさわったようで、またしても楚に兵をむけた。このとき秦軍は楚の八城を取っている。そうしておいて昭襄王は、一転して、楚に講和を求めた。懐王に書翰《しょかん》を送ったのである。

——寡人《かじん》、願わくば君王《くんおう》と武関《ぶかん》に会し、面相約結《まのあたりあいやくけつ》し、盟《ちか》いて去らん。（『史記』「楚世家」）

武関は秦楚の国境にある秦の塞《とりで》である。そこで同盟しようというのである。

この誘いに乗るべきか乗らざるべきか、懐王は迷い、臣下の意見を聴いた。楚の名臣である昭睢《しょうしょ》や屈原《くつげん》などは、秦は信用ならない、といさめ、懐王の子の子蘭《しらん》は、秦の好意を無になさるべきではない、と会見を勧めた。けっきょく懐王は武関へでかけた。

「きたか」

昭襄王は武関に兵を伏せておき、懐王が関内にはいるやいなや、関門を閉じさせ、兵で恫《おど》して咸陽へ同行させ、懐王を藩臣のごとくあつかった。さらに巫《ふ》と黔中《けんちゅう》の二郡を割譲せよと要求した。懐王が拒否すると、拘留しつづけ、いちど逃亡した懐王を執拗《しつよう》に追捕《ついぶ》させて、咸陽に連行させ、病死するまで釈放しなかった。

秦の外交や戦略はけっしてすがすがしいものではないが、懐王の遏絶《あつぜつ》に関して、執念深さは異状である。このときまだ昭襄王は若く、じつはそういう詐術《さじゅつ》を昭襄王のうしろでおこなったのは宣太后と魏冄であるにちがいない。武関の会見の前年に、秦王朝の実質的な運営者である樗里子《ちょりし》が亡《な》くなっている。実権をにぎったのは宣太后であり、この楚の公女は、懐王にそうとうな怨みをいだいていたのではあるまいか。伝説の蒐集《しゅうしゅう》に熱心であった司馬遷は、そのあたりの話を拾いそこなったのであろう。

和氏《かし》の璧《へき》

秦の宰相についていえば、魏冄のつぎは范睢《はんしょ》である。かれは生国の魏において半死半生の目にあわされ、のちに秦へゆき、昭襄王にその大才を認められた人である。かれが、

「遠交近攻《えんこうきんこう》」

の策を昭襄王に献じたことはあまりにも有名である。それによって遠国を攻めていた秦は、遠国と交わり、近くの国を攻めるようになった。そのため国威が急速に増大し、中国統一のきっかけをつかんだのである。それはそれとして、范睢は昭襄王に拝謁《はいえつ》するまえに意見書を呈出した。その文面に、

——楚に和朴《かはく》あり。(『史記』「范睢蔡沢列伝」)

という語句がみえる。そのなかの「和」は氏であり、「朴」は木の皮のことであるが、この場合「璞《はく》」という字におきかえたほうがよい。実際、『戦国策』にもほぼおなじ文面が載せられているが、

——楚に和璞あり。

と、なっている。司馬遷がなぜ璞の字を朴に変えたのか理解しがたい。とにかく璞と

いうのは、みがくまえの玉であり、その玉を和氏とよばれる人が発見したのである。のちにその玉は璧という大型の宝石となり、

「和氏の璧」

として、楚の国宝になった。ところが范雎が昭襄王に意見書をさしだした年（紀元前二七〇年）に、和氏の璧は楚にはなく趙の国にあった。その年より十三年前（紀元前二八三年）に、趙が和氏の璧を保有していることを知った昭襄王は、

「十五城ととりかえたい」

と、趙の恵文王に申しいれた。それゆえ、藺相如《りんしょうじょ》という趙の臣がその璧をもち、秦へゆき、昭襄王と対等にわたりあってぶじに璧を帰還させたことで、

「完璧」

という熟語がつくられたことはよく知られている。では、なぜ楚は趙に和氏の璧をあたえたのか。それについて言及している史書はないが、私見としては、当時楚王は頃襄《けいじょう》王（太子横）であり、かれは父の懐王を秦によって殺されたことを怨み、復讎《ふくしゅう》戦に立ちあがるため、趙と同盟したかったので、和氏の璧を趙王に贈ったのである。

ところが別の史料がその推定を否定する。『戦国策』である。諸国を遊説《ゆうぜい》する蘇子《そし》（蘇代《だい》か蘇厲《れい》）が趙にきて、実力者の李兌《りたい》に献策をおこない、李兌から和氏の璧を贈られたことが明記されている。文中の語句から考えて、それは恵文王の五年か六年のこと

で、完璧の逸話がつくられる十年ほど前のことなのである。蘇子にわたされた璧を、どうして藺相如がもてるのであろう。

一字の重み

漢文は一見するとニュアンスのとぼしい文であるようにおもわれる。また、省略が多いので、主語をみうしなうと、まったく文意を得なくなる。

私は漢文に関してはまったくの門外漢であったし、いまもそうなのであるが、昵近《じっきん》しづらい漢文に親近感をいだかせてくれた書物のひとつに、吉川幸次郎氏の『漢文の話』（筑摩書房）があった。とくに感心させられたのはそのなかの「歴史書の文章」の章にある『史記』の文章の読みかたについてのところである。吉川氏は、秦の始皇帝のころの宰相であった李斯《りし》の伝を引き、

於是李斯乃歎曰（是《ここ》に於《お》いて李斯乃《すなわ》ち歎《たん》じて曰《いわ》く）

乃従荀卿学帝王之術（乃ち荀卿《じゅんけい》に従いて帝王の術を学ぶ）

の二文にふくまれている、

「乃《だい》」

の字について解説をおこなっている。私は高校生のころから『漢和中辞典』（角川書店）を愛用しているので、乃の字をその辞典でしらべてみると、つぎの用法のあることがわかる。

一　すなわち。やむなく。そのあげく。まをおいて、前後の節をつなぐ接続詞。
二　なんじ。
三　これ。
四　それ。かれ。
五　それがし。なにがし。
六　その。
七　……の。上下を結ぶ語。

以上を頭にいれて、前の引用文にもどると、ふたつの文の乃は、読みかたは、すなわち、であっても、前の文は、そのあげく、の意味に近く、後の文は、それから、の意味に近いことがわかる。が、それは門外漢である私の解釈であり、吉川氏のような碩学《せきがく》ではそうではない。吉川氏によると、乃も則も即も、すなわちと読むのであるが、乃というのは最もおもおもしいすなわちなのである。

「事態が、熟慮ののち、決意ののち、摩擦ののち、抵抗をへてのちに、おこるときに、用いられる。二つの鼠《ねずみ》を見た李斯は、そこでおもおもしく歎息した、人間は権力をもつべきだ、そう考えた李斯はそこでそのための学問を思い立った、そうした気もちを示す。」

吉川氏は、乃を、そう解明する。司馬遷は歴史家であると同時に文学者なのである。

文学とはニュアンスの所産なのである。それなら『史記』からニュアンスを汲《く》みとらなければならない。吉川氏からそう教えられたようにおもわれる。

分節のむずかしさ

『史記』の藍本《らんぽん》のひとつに『戦国策』があったことは疑いのないことである。したがって『史記』では解決のつかぬことを『戦国策』に答えを求めるときがある。

司馬遷は列伝のなかに楽毅《がっき》をおいた。楽毅は戦国時代の名将である。漢の劉邦《りゅうほう》は楽毅を尊敬していたようで、趙《ちょう》を通ったとき、

「楽毅に後世《こうせい》（子孫）があるか」

と、左右に問うた。すると側近のひとりが、

「楽叔がいます」

と、答えたので、劉邦は楽叔を楽郷に封じて華成君《かせい》という号をさずけた。漢の人々が楽毅に敬意をいだいたのは、初代皇帝の嗜好《しこう》の色に染まったということもあるであろう。

さて、『史記』のなかに、

楽乗《がくじょう》

についての記述がある。楽乗とは何者であるか。「楽毅列伝」を読むと、楽乗とは燕《えん》の武将であり、燕が趙を攻めたときにかれも出陣し、趙将の廉頗《れんぱ》に負けて捕虜になった。

そのあたりを、

――（廉頗は）栗腹《りつぷく》、楽乗を禽《とりこ》にす。楽乗は楽間《かん》の宗《そう》なり。

と、司馬遷は書いた。楽間は楽毅の子である。宗というのは、宗戚《せき》とか宗族とか訳されるのがふつうであるが、もとは一族の中心となった祖先を祀《まつ》る族長のことである。とにかくその戦いは趙の孝成王の十五年（紀元前二五一年）におこなわれた。が、「趙世家」によると、廉頗が捕虜にしたのは楽乗ではなく楽間になっている。

――（廉頗は）栗腹を殺し、卿秦《けいしん》、楽間を虜《とりこ》にす。

と、ある。そのあたり、『戦国策』ではつぎのようになっている。

燕王は急遽《きゆうきよ》六十万の軍を起こして趙を攻めた。栗腹に四十万を率いさせて鄗《こう》を攻めさせ、慶秦《けいしん》（『史記』では卿秦）に二十万を率いさせて代《だい》を攻めさせた。趙は廉頗に八万の兵を率いさせて栗腹にあたらせ、楽乗に五万の兵を率いさせて慶秦にあたらせた。燕軍が大敗し、楽間は趙にはいった。

つまり楽乗はすでに趙の武将なのである。その原文の一部は、

趙使廉頗以八万遇栗腹於鄗使楽乗以五万遇慶秦於代

と、なり、区切りがないとまことに読みづらい。「使」は「……に――させる」わけであり、「以」はこの場合動詞で「率いる」と読む。たとえば「栗腹於鄗使楽乗以」と読んでしまうと、栗腹が将で楽乗が属将であるとおもわれてくる。当時は木簡などに字が書かれていたのであるから、長文にざっと目を通すのはむずかしくて、となりの木簡

がはずれることもあろう。司馬遷がなぜまちがったのかを空想するのも楽しいことである。

太史公曰《いわ》く

司馬遷は『史記』の紀伝に、それぞれ、

「太史公曰く」

という短評を設けている。たとえば劉邦《りゅうほう》と天下を争った項羽《こうう》について、

「功伐の武功を矜《ほこ》り、自分だけの知恵をふるい、古代や古人から学ぼうとせず、覇業《はぎょう》ばかりをとなえて、力征《りょくせい》をもって天下を経営すること五年であったが、ついにその国を亡《ほろ》ぼし、身は東城に死した。それでもおのれの非をさとらず、おのれの過《あやまち》を責めず、――天が我を亡ぼすのであり、兵を用いた罪によるわけではない、といった。どうしてそれが謬《あやま》りでないことがあろう」

と、むすんでいる。「項羽本紀」はどちらかといえば項羽に同情的な筆のはこびであるが、ここにきて、一転して痛烈な批判をおこなっている。司馬遷の史観を考えるうえで「太史公曰く」が重要であることはいうまでもない。では、司馬遷は劉邦をどう観《み》たであろう。「高祖本紀」の「太史公曰く」では、なんと劉邦について明確な批評はなく、

――漢興《おこ》りて、敝《へい》を承《う》けて易変《えきへん》し、人をして倦《う》まざらしむ。天の統《とう》を得たり。

と、結語をおだやかにおいている。漢が興ると、秦の弊害をあらため、人民に飽かれ

ない政治をおこなった。天のきまりにそった王朝である。そのように王朝の存在意義を述べた司馬遷が劉邦の批判をおこなわなかったのは、なぜであろう。本紀のなかで、いいつくしたとおもったからであろうか。つぎの「呂后本紀《りよこう》」では、またあざやかな評言が復活している。

——天下晏然《あんぜん》たり。

すなわち劉邦の子の恵帝は、手を拱《こまぬ》いていただけで、恵帝の生母である呂后が女主《じよしゆ》となって命令をくだし政治をおこなったが、天下は晏《やす》らかであった。刑罰のおこなわれることはまれで、罪人はめったにでなかった。人民は稼穡《かしよく》を務め、衣食はいよいよ豊かになった。

おどろくべき善政である。呂后の政治を司馬遷は絶賛している。本紀のなかにあったのは血なまぐさい権力闘争であるのに、皇宮の外にでると、あきれるほど平和であった。これほどの対蹠は、どの「太史公曰く」にもない。

そもそも「呂后本紀」をおいたこと自体、呂氏が天下を取ったことを認めたことであり、呂后の父は、秦の始皇帝のときに宰相であった呂不韋《りよふい》にかかわりのある人らしい。呂不韋は『呂氏春秋』をつくり、始皇帝に自殺に追いこまれた人である。司馬遷の同情は呂后を経由してそのあたりまでさかのぼったのかもしれない。

漢の文帝

わたしは三十五歳から『史記』を正面にすえて読みはじめた。それから十六年が経《た》とうとしているが、まだ全巻を読みつくしていない。そのかわりといっては何であるが、おなじ文を五回、十回と読んでいる。頼山陽《らいさんよう》は『日本外史』を書くにあたり、『史記』の項羽と劉邦の戦いのところを開いたままにして執筆をつづけたといわれる。それに近いことをわたしもする。司馬遷の気息にふれて、気分が高揚するせいであろう。たとえば『史記』のなかの人物は、はげしく喜び、はげしく怒る。大いに哀《かな》しみ、大いに楽しむ。そういう感情の起伏の大きさはじつは人間の原点にあったものであろうし、そこからかけはなれたところにいる現代人が、『史記』を読むことによって、人であることに回帰し、やすらぎを得るのではあるまいか。

わたしは「本紀」を中心にして年表をつくってきた。いま漢の景帝の時代で、その作業はとまっている。高祖（劉邦）、恵帝、呂后、文帝と本紀の内容は豊かであったのに、文帝の子の景帝になると、貧弱になり、司馬遷が仕えた武帝については、何も書かれていないといってよい。景帝と武帝についての記事はやはり削除されたとおもわざるをえない。それはまことに残念なことである。が、文帝について書かれた「孝文本紀」がそこなわれなかったことはありがたい。

黄帝から聖王や名君が続々と登場するが、『史記』におけるさいごの聖王は、この文帝である。文帝は堯帝《ぎょう》のように何もしないで天下をよく治めたという人ではなく、失政があり誤謬《ごびゅう》もおかした。しかしこの皇帝の聴政には人の血の温かさがかよっており、皇帝としてできるかぎりのことを全身全霊でおこなったというのが、文帝ではなかったか。人生涯を緊張のなかにおき、ついに頽弛《たいし》をみせなかったのは、みごとというほかない。人民はいちどでよいから税金のない世をすごしてみたいと願う。願うだけでけっして実現するはずはないとあきらめている。ところが、この文帝は、農民にだけではあるが、

――田《でん》の租税《そぜい》を除《のぞ》け。

と、およそどの皇帝もおこなったことがない租税撤廃をおこなった。

みずからはけっして奢《おご》らず、夫人には裾《すそ》をひきずるような衣服をゆるさず、人臣のために心身をささげぬいた文帝を、司馬遷は「太史公曰く」のなかで、

――嗚呼《ああ》豈《あ》に仁《じん》ならずや。

と、称《ほ》めちぎっている。『史記』の風景のなかでもっとも高いところにいる人主とは、文帝であるという考えは、いまもかわらない。

あとがき

古代中国の人、文物、習俗などについて、司馬遷の『史記』から題材をとり、書いてみようとおもったのは、四年前のことである。産経新聞（大阪）の記者である深堀明彦さんから、その種の執筆を誘われた。それゆえこの稿に自発的にとりかかったわけではなく、連載の話がもちこまれたとき、

――勉強のためにやってみよう。

と、おもったというのが事実に近い。中国の古代史を専門にしている学者を起用せずに、不正確な知識しかもちあわせていないわたしにそういうものを書かせようとした深堀さんの意図は、わからぬでもない。学者によっては正確を期するあまり、あれはちがう、これは誤りである、というように文全体が否定形になりやすく、紙面が冷える。ところが小説家は一種無責任な立場から、想像や空想をひろげる。そのあたりを新聞の責任として、筆者が妄想に固執しないように、また読者をまどわせないように、制御しつつ、読者に小さなおどろきをともなった夢をあたえようとしたのであろう。

連載をはじめてみて、すぐに自分の浅学を痛感した。この種のものは広汎《こうはん》な知識を必

要とする。もちろん連載をつづけるために勉強しつづければよいのであるが、知ったことをすぐに書けば、

——小人《しょうじん》の学は、耳より入りて、口より出づ。

と、荀子《じゅんし》に笑われるであろう。知ったことがほんとうに自分のものになるのは、心身にゆきわたる時を必要とする。そういう時をもたぬことばは、読者への浸潤を失うことがわかっているだけに、忙中にある自分が苦痛であった。新聞の連載は一年余で終わったが、ほっとすると同時に、中途半端《はんぱ》な感じをいだいた。そのため新潮社の宮辺尚さんに、おなじスタイルで書かせてもらえないだろうか、とたのんだ。宮辺さんはこころよく『波』の誌面を頒《わ》けてくれた。苦痛がつづくのを承知で、書きはじめた。勉強というより挑戦という気分になった。その連載が二年つづいた。ふたつの連載をあわせてようやく本になる。出版に際して宮辺さんのほかに新潮社出版部の松村正樹さんに世話になった。

一九九七年三月吉日

著者

宮城谷さんのこと

深堀明彦

宮城谷さんは、いま、浜名湖岸の別荘地に居を構えている。夏は湖をわたる風が涼しく、冬も温暖な地である。松籟《しょうらい》さざめき、青い芝に囲まれたそこは、落ち着いて書を読み、考え、そして書くためには絶好の地であると言えよう。

この地に宮城谷さんは二軒の家を建て、一方を居宅として、もう一方を仕事場として使っている。毎日、数十メートル離れた仕事場へ通勤しているのだ。

宮城谷さんの部屋の使い方はおもしろい。連載ごとに部屋を決めて仕事をしているのである。たとえば私がお邪魔した平成八年当時は、「呂不韋《りょふい》の部屋」「太公望の部屋」「楽毅《がっき》の部屋」などがあった。辞書や資料は重複して用意され、各部屋には、それぞれの作品に必要な資料類がひととおり机の上に並んでいる。一つの作品が一段落するたびに部屋をかえて、気分を新たにするのだろう。

執筆時は、作務衣《さむえ》を好んで着る。作品は必ず万年筆でていねいな字で書かれ、しかも原稿には直しがほとんどない。清書しているわけではないと聞いたことがあるので、よほど頭の中で文章を練って書いているのだろう。

宮城谷さんに初めてお会いしたのは、平成三年七月十五日の午後二時ごろだった。当時は名古屋の住まいで、よく晴れて太陽がぎらぎらと照りつける暑い日だった。なぜ日時まで記憶しているかというと、何を隠そう、その日は直木賞受賞決定の日だったのである。駆け出しの文芸記者の私は、候補作『夏姫春秋』を読み、発表数時間前という、いかにも駆け込みの取材にうかがったのだった。

仕事部屋でインタビューさせていただいたが、まずその部屋にあった蔵書一冊一冊に、千代紙ふうの紙でていねいにカバーがかけられ、タイトルが手書きで施されていたことに感心させられた。文庫までそのように大切に保管されていた。

そして、宮城谷さんが古代中国を題材にした小説を書くにあたって、『史記』や『春秋左氏伝』などの史料ばかりでなく、金文や甲骨文までさかのぼり、一文字一文字にこだわって納得のいくまで読み解き、そして自分なりの年表を作り上げたという話にも驚嘆させられた。

宮城谷さんは、『字統』や『字通』で知られる白川静氏（立命館大学名誉教授）と対談したことがあるが、白川さんは後日、「いやあ、宮城谷さんという人は勉強家だねえ。対談のとき、目の前に何冊もの大学ノートを積み上げるから何かと思ったら、ぼくの本読んで、これだけ勉強しましたって……」と、驚きながら話していた。

宮城谷さんはこれまで少なくとも二回、人生の勝負に出ていると思う。ひとつは、それまで勤めていた東京の出版社を退社し、郷里の蒲郡《がまごおり》へ帰ったときである。出版社時代は編集者を務めながら現代小説を書いていた。東京を離れた理由はいくつかあるように聞いているが、いずれにしても作家として食べて行ける前の段階で定職を辞し、執筆に取り組むというのは大きな勝負であったに違いない。

しかし、その結果として、独力で古代中国の世界に行き着き、宮城谷宇宙が開けたのである。司馬遷《しばせん》の『史記』は三十五歳のころから読み始めたという。大学では英文学の専攻だったので、漢文の素養はなかった。ところが漢文と英語は語順などの文章の組み立てが似ているため、漢文を英訳しながら理解していったそうだ。英語教育が普及している現在、ひょっとするとこの読解法は、新しい漢文教育法として注目されるかもしれない。

もう一度の勝負は、作家として生きていける感触を得て、蒲郡から名古屋へ出たときだろう。蒲郡時代は自宅で塾を開き、子どもたちに英語などを教えていた。それすらも捨てての再スタートだったわけだ。宮城谷さんは「塾をやってると、それはそれで一生懸命になっちゃってね。小説にかけるエネルギーが割かれてしまうんだよ」と語っていた。そういえば出版社勤務時代は、小さな出版社だったので営業活動も仕事のうちに入っており、各地の書店をめぐり歩いては毎年靴を何足も履きつぶしていたという。宮城谷さんは手を抜くということとを知らないのである。

直木賞受賞後の宮城谷さんの活躍はご存じのとおり。『重耳《ちょうじ》』『晏子《あんし》』『孟嘗君《もうしょうくん》』『太公望』『楽毅』『奇貨居くべし』などの大作に、『花の歳月』『玉人《ぎょくじん》』などの佳品や『介子《かいし》推《すい》』などの力作を交えて、宏大な宇宙を開いてきた。デビューまでの苦労は、きっと作品世界構築に大きく役立っているだろう。

春秋五覇《ごは》の一人、晋《しん》の文公《ぶんこう》を描いた『重耳』が完結したとき、宮城谷さんは「古代中国の人物の中で一番書きたかった人物」と述べている。運命に翻弄《ほんろう》されて、中華をさまよいながら、徳と実力を身につけていく重耳の姿は、さながら宮城谷さんの自画像のように思えたものだった。

宮城谷さんは、これまでの作品で、常に人間の「徳」ということを描き続けてきた。もちろん、人の徳は永遠の課題であるが、宮城谷文学が同時代において十万を超す固定読者を得ているのは、ひとつには、その徳のありようが、バブル時代以降の社会の倫理が混乱した時代に合ったからだと思う。

以前、大阪都心部の大きな書店の書架の前で、髪をカラフルに染めた若者数人と遭遇したことがある。たむろしているようにしか見えなかったが、その会話を聞いて目を丸くした。

「おれは孟嘗君が好きや。食客を使うて世界を動かすなんて、かっこええやん」

「やっぱ重耳やで。あの放浪と人の大きさはすごいと思う」

いや晏子もいい、太公望も捨て難い、と盛り上がっていた。そうした若者をも惹《ひ》きつける魅力が「徳」なのかもしれない。

さらには、戦いのさまを描く想像力、妖艶《ようえん》な女性の描き方、そして古代中国の文化や習慣、兵器や道具の工夫などの歴史的エピソードの使い方のうまさも作品の厚みを増し、人気の理由の一つになっていると思う。

本書『史記の風景』は平成五年九月、産経新聞夕刊文化面に「史記の地平」というタイトルで連載がスタートした。宮城谷文学の中に登場する古代中国の文物や英知を、エピソードとともに語ってもらおうという企画であった。

直木賞受賞から二年を経て、『重耳』がベストセラーとなり、『晏子』の連載が好評を博しているころだった。非常に忙しい中にもかかわらず、連載のお願いに上がると、ほぼ二つ返事で了解していただけた。直木賞受賞のおり、「いつか、うちの新聞に連載をお願いしますね」と一方的な約束をしていたのを覚えてくださっていたのだろうか。

「史記の地平」というタイトルは、宮城谷さんの発案だった。毎回必ず司馬遷の『史記』を引く、という縛りを自らかけて、連載を筋の通ったものにしよう、という逆提案だった。その妥協のない踏み込みに、思わず恐れ入ってしまったものだ。

しかも毎週日曜日にファクスで届く原稿は、はるかに予想を上回る内容だった。単なる

『史記』のエピソードの紹介にとどまらず、作家らしい想像力で史料に独自の解釈を加え、さらには視野を古代中国史から日本史にまで広げて、わが国の文化や歴史の中に古代中国の影響を探り出していった。

たとえば、十干《じっかん》（甲乙丙丁戊己《こういつへいていぼうき》庚辛壬癸《こうしんじんき》）の「甲」は甲骨文では「十」であり、とすると、「乙」が「二」で「癸」が「九」ではないか、という指摘（「商民族の出自」）を最初に読んだときは、ひっくりかえりそうになった。十干がおそらく十進法と結びついていただろうという想像は困難ではないが、十、一、二、三……という並びは多くの人が驚くのではないか。もちろん私に、その正誤を判断する能力などないが、「乙」の商代の読みが「イツ」だったという話を読み、「イチに似ている」と思わず膝《ひざ》を打った。

また織田信長の少年時代の「大うつけ」が『史記』に学んだのではないかという発想もおもしろい（「大うつけ」）。少年時代の信長は奇行の多い「大うつけ」であったことはよく知られている。しかも初めから大うつけであったわけではなく、父の死後、行状がおかしくなったらしい。信長くらいの天才になれば、そんなこともあるだろう、ぐらいにしか思っていなかったが、『史記』の「田敬仲完世家《でんけいちゅうかんせいか》」に、斉《せい》の威王《いおう》は即位して九年のあいだ国政をほったらかしにして、うつけをきめこみ、実直な臣と不実な臣を見極めたという故事があり、信長はそれに学んだのではないかというのである。大胆で独創的な側面ばかりが際立《きわだ》つ信長だが、その独創の下地には広い知識があるに違いなく、宮城谷さんの指摘に、なるほどとうなずかざるをえない。

また清少納言の『枕草子《まくらのそうし》』の有名な段で、正月十五日に、かゆ杖《づえ》で女房たちがたたきあう風習がおもしろおかしく紹介されているが、一方、商王朝の別名である「殷《いん》」という文字は「棒で妊婦をたたく」という意味があり、商には妊婦を棒でたたいて祝う風習があって、それが日本に伝わったのではないかという仮説も魅力的だ（「子を産む杖」）。そういえば、あの『魏志倭人伝《ぎしわじんでん》』に、倭人は「黥面文身《げいめんぶんしん》」すなわち顔や体に入れ墨をしていると書かれているが、これもまた商の風習でもあった。もし商民族が、その滅亡に際して海を渡って日本列島に来ていたとしたら……と想像するだけで、ぞくぞくするではないか。

「史記の地平」の連載は西のぼるさんの挿画ともぴったり息が合い、文化面の看板企画として、連載期間の一年があっと言う間に過ぎた。連載終了後、その並外れたおもしろさから新潮社の雑誌「波」に「史記の風景」として、西さんの挿画とともども連載が引き継がれた。

本書は単独で読んでも大いに刺激され、また宮城谷ファンであれば、これまでの小説に登場する人物やエピソードが重なって見えて、その興味を増すに違いない、極めて質の高いエッセー集である。

ところで宮城谷さんは、若いころ写真に凝り、「日本カメラ」誌の月例コンテストで年度賞をもらったことがあるという。写真からは手を引いたと語っていたが、いまでも仕事場の方の家には写真用のスタジオが一室設けられている。また西さんが出版記念パーティーを開いたとき、ずいぶんたくさん写真を撮っているなあと思ったら、その写真が文芸雑誌のグラビアを飾っていた。

そこで私は編集者として、いつか宮城谷さんが日本の歴史を書き始めたとき、カメラ片手に全国を歩いてもらったら、すごいフォト・エッセーが連載できるに違いない、と勝手な夢想をしているのだが……（企画をばらして、どうする）。

（平成十二年一月、産経新聞文化部記者）

この作品は平成九年四月新潮社より刊行された。

宮城谷昌光著
晏子（一〜四）
大小多数の国が乱立した中国春秋期。卓越した智謀と比類なき徳望で斉の存亡の危機を救った晏子父子の波瀾の生涯を描く歴史雄編。

宮城谷昌光著
楽毅（一〜四）
策謀渦巻く古代中国の戦国時代。名将・楽毅の生涯を通して「人がみごとに生きるとはどういうことか」を描いた傑作巨編！

宮城谷昌光著
新三河物語（上・中・下）
三方原、長篠、大坂の陣。家康の覇業の影で身命を賭して奉公を続けた大久保一族。彼らの宿運と家康の真の姿を描く戦国歴史巨編。

司馬遼太郎著
胡蝶の夢（一〜四）
巨大な組織・江戸幕府が崩壊してゆく——この激動期に、時代が求める〝蘭学〟という鋭いメスで身分社会を切り裂いていった男たち。

司馬遼太郎著
項羽と劉邦（上・中・下）
秦の始皇帝没後の動乱中国で覇を争う項羽と劉邦。天下を制する〝人望〟とは何かを、史上最高の典型によってきわめつくした歴史大作。

司馬遼太郎著
草原の記
一人のモンゴル女性がたどった苛烈な体験をとおし、20世紀の激動と、その中で変わらぬ営みを続ける遊牧の民の歴史を語り尽くす。

史《し》記《き》の風《ふう》景《けい》

新潮文庫　み－25－6

平成十二年五月一日発行
令和三年四月十日二十三刷

著者　宮《みや》城《ぎ》谷《たに》昌《まさ》光《みつ》

発行者　佐藤隆信

発行所　株式会社新潮社

郵便番号　一六二—八七一一
東京都新宿区矢来町七一
電話　編集部(〇三)三二六六—五四四〇
　　　読者係(〇三)三二六六—五一一一
https://www.shinchosha.co.jp

価格はカバーに表示してあります。

乱丁・落丁本は、ご面倒ですが小社読者係宛ご送付ください。送料小社負担にてお取替えいたします。

印刷・大日本印刷株式会社　製本・加藤製本株式会社

ISBN978-4-10-144426-0 C0195